Geschichte des BOCHUMER LANDES

von den Anfängen bis 1929

Von E. Tetzlaff,

Konrektor in Bochum-Langendreer

Herausgegeben unter Zugrundelegung des alten Manuskripts

von Albert George Viktorsson Trolle

Iarnwith im Jahr 2021

Verständnis - Toleranz - Erkenntnis

E. Tetzlaff

GESCHICHTE DES BOCHUMER LANDES VON DEN ANFÄNGEN BIS 1929

Herausgegeben

unter Zugrundelegung eines alten Manuskripts

von

Albert George Viktorsson Trolle

Impressum

Bibliografische Information der Deutschen Nationalbibliothek:
Die Deutsche Nationalbibliothek verzeichnet diese Publikation in der
Deutschen Nationalbibliografie; detaillierte bibliografische Daten sind im
Internet über http://dnb.dnb.de abrufbar.

© 2021 Albert George Viktorsson Trolle. Iarnwith im Jahr 2021.

Lektorat: Contor ImmelsWeg

Herstellung und Verlag: BoD – Books on Demand, Norderstedt

ISBN: 978-3-7534-4260-0

Inhaltsverzeichnis

1. Älteste Erwähnungen der Landschaft und des Bochumer Landes zur germanischen Frühzeit............9

2. Bereich der frühmittelalterlichen „Grafschaft" Bochum.........10

3. Bereich des späteren „Amtes" Bochum...............12

4. Einteilung dieses Amtes und seine Verwaltung....................15

5. Die Grafen und Drosten des Landes vom ersten Auftreten derselben bis zum Jahr 1753............19

6. Die Geschichte des Bochumer Landes bis 1753.................22

7. Das Amt Bochum als Bestandteil des märkischen Kreises Hörde und die Gerichtsherrlichkeiten im Amt von 1753 bis 1806............32

8. Das Amt in der französischen (großherzoglich-bergischen) Zeit von 1806 bis 1813 und in der Zeit von 1813 bis 1816..........38

9. Die Neubildung eines „Kreises" Bochum in den Jahren 1816 und 1817.................44

10. Die Schicksale des Kreises von 1817 bis 1929....................52

11. Mitteilungen über die staatliche Polizei im Kreis..................60

12. Die Landräte des Kreises von 1816 bis zur Auflösung des Kreises im Jahr 1929........63

1. Älteste Erwähnungen der Landschaft und des Bochumer Landes zur germanischen Frühzeit.

So bewegt und mannigfaltig nach allen altrömischen und frühgermanischen Berichten die Geschichte der Landschaft zwischen Ruhr und Lippe auch immer gewesen sein muss - dürftig und ungenau ist die Kunde, welche von dem Geschehen vieler Jahrhunderte auf unsere Tage kam.

In der römischen Zeit, als die Beherrscher der damals bekannten Welt ihre sieggewohnten Adler auch durch das bisher noch freie Germanenland zu tragen versuchten, saßen die Sigamberer zu beiden Seiten der unteren Ruhr. Die Römer kamen mit diesen in feindliche Berührung und die Sigamberer haben anscheinend viel heftigeren Widerstand zu leisten vermocht, als die römischen Geschichtsschreiber zugeben, denn besagter Germanenstamm blieb noch gegen dreihundert Jahre im Lande wohnen. Im frühen Mittelalter dagegen sehen wir unser Bochumer Ländchen als „brukterisch-sächsisches" Grenzgebiet an das rheinfränkische Hamaland stoßen. Das damals bereits romanisierte fränkische Königtum in Gallien, dessen Machtbereich in den südlichen Teilen des Germanenlandes sich zeitweilig bis diesseits des Rheines ausdehnte, hatte zu jener Zeit, also vor 1.500 Jahren, das Ziel, die Eroberung und Unterwerfung des Landes der Söhne Tius zu verfolgen. Die flache, kornreiche Ebene unseres Bochumer Landes mag ihnen häufig als bequeme Einfallspforte in die nordöstlichen Gegenden erschienen sein.

Lange Zeit haben die Bewohner Westfalens, wie die Geschichte berichtet, die Feinde kräftig abgewehrt; schwere Kämpfe werden darum den Boden unseres Ländchens mit Sachsenblut und mit dem Blut der Frankenkrieger getränkt haben.

Um das Jahr 692 ist Wattenscheid im Lande der Brukterer schon erwähnt, um 820 werden andere Orte, 833 auch Essen im Bruktererlande genannt.

2. Bereich der frühmittelalterlichen „Grafschaft" Bochum

Das Land der Brukterer reichte bis in die Gegend von Werl. Durch die Emscher war es in zwei Teile geteilt. Der östliche Bereich mag seinen Mittelpunkt in Unna gehabt haben, der westliche Bereich hatte ihn in Bochum. Aber erst recht spät finden wir das Ländchen nach diesem Ort benannt, erst im Jahre 1041, als der Edeling Hermann, Erzbischof von Köln, seine Erbgüter im Bochumer Land dem Stift Deutz zu seinem und seiner Vorfahren Seelenheil vermachte.

Der Umfang des alten Bochumer Verwaltungsbezirks ist heute noch einwandfrei festzustellen. Rüttenscheid, Ehrenzell, Borbeck, Altenessen bildeten im Westen die Grenze, die Emscher im Norden, Ickern, Mengede, Huckarde, Dorstfeld, Oespel, Stockum-Wullen im Osten und die Ruhr im Süden die Grenzorte und Grenzflüsse des Gebiets. - Die älteste noch vorhandene schriftliche Urkunde, die über unser Bochum Land Nachricht gibt, ist ein im Staatsarchiv zu Düsseldorf aufbewahrtes Pergamentheft, das die Aufschrift trägt: „abbatiae präpositura". Auf der ersten Textseite ist vermerkt, dass dieses Heft aus dem Jahr 890 stammt. Es enthält ein Verzeichnis aller dem Benediktinerkloster Werden a. d. Ruhr zu jener Zeit gehörigen Güter und Renten und es zählt „in pago Borahtron" folgende Ortschaften auf: Throtmanni, Dorstidfelde, Linne, Bouikhusun, Tospelli, Stochem, Uuerinun, Threiri, Lahari, Hundasarsa, Aldenbochem, Hreni, Biscopimhusun, Abbingthorpo, Heuinni, Quernberga, Stipula, Linninun, Hagonsive Piluchem, Hogingthorpe, Uuermerinchusun, Helgerunhusun, Uuestanfelde, Uuattanscethe, Uokinghusun, Egilmaringhusun, Hulinni, Hurlarn, Reinbeki, Haranni, Dungalohrn, Langwadu, Kastorpa, Megnithi, Scethe, Gerthrium. Der aufmerksame Leser wird den größten Teil dieser alten Orts- und Wohnstätten-Namen in den heutigen Ortsnamen wiedererkennen (Hulinni – Hüllen, Hurlarn – Hordel, Reinbeki – Riemke usw.).

[An dieser Stelle hatte der Verfasser Herr Tetzlaff ein Lichtbild aus dem besagten Heft „Abbatie präpositura", welches die Namen der Orte Werne, Dreer, Laer, Hundhamme, Altenbochum und Rechen zeigen sollte, vorgesehen. Als Quelle gab er das Staatsarchiv Düsseldorf an.]

Das Amt Bochum beanspruchte noch in späterer Zeit dauernd die Oberherrschaft über die dem Stift Essen zugehörigen Dörfer Huckarde und Dorstfeld, und der Graf von der Mark besaß dort auch unbestritten das Recht des „Glockenschlages", d.h. der Alarmierung der wehrhaften Leute in Notfällen. Es hieß: „Die Hoheit und Herrlichkeit des Amtes Bochum gehet bis auf die Brücke von Dorstfeld." Diese Brücke führte über die Emscher. Vor ihr liefen zwei Hellwege zusammen: der von Bochum über Werne kommende und der vom Crengeldanz durch Stockum und Oespel führende, der in Langendreer der „alte Hellweg" genannt wurde.

Das schön abgerundete Gebiet des Pagus, dessen Hauptort Bochum, vielleicht zur Unterscheidung von Altenbochum Kaubaukem genannt, auch fast in der Mitte lag, musste sich schon früh Abtrennungen gefallen lassen. Im Westteil hatte der Hildesheimer Bischof Altfried auf seinem Gut Astnide (Essen) um das Jahr 874 das hochvornehme Damenstift Essen gegründet und diesem wendeten die deutschen Könige aus dem sächsischen Hause Heinrichs des Vogelstellers ihre volle Gunst zu. So erhielt das Stift den ganzen Bezirk, der ehemals seine Hundertschaft gebildet haben wird, als ein selbständiges weltliches Herrschaftsgebiet zugeteilt, und im Jahr 974 schenkte ihm Otto der Große auch noch die Reichsgüter Huckarde und Dorstfeld als reichsfreien Besitz. Dadurch war ein geistliches Zwergfürstentümchen entstanden, das Bochumer Land aber in seinem

Umfang erheblich verkleinert worden. In den spärlichen Urkunden jener Zeit wird das Ländchen als Grafschaft bezeichnet.

3. Bereich des späteren „Amtes" Bochum

Den Besitzstand aus dem zehnten Jahrhundert behielt das Land bis ins fünfzehnte Jahrhundert hinein, wenngleich es in dieser Zeit gelegentlich auch an mehrere Herren verteilt war. Die Teilstücke kamen dann doch wieder zusammen. Gegen die Mitte des 15. Jahrhunderts aber waren die Landesherren dermaßen verschuldet, dass sie hier wie anderwärts einzelnen Rittern ganze Stücke Landes oder die Einkünfte und Gerechtsame derselben als Pfandgut oder als Lehnsbesitz überlassen mussten. So entstanden die „Gutsherrlichkeiten" oder Jurisdiktionen, die jetzt, man könnte sagen „kreisfreie" Bezirke bildeten, eigene Verwaltung und Gerichtsbarkeit hatten und mit dem übrigen Amt keine wirtschaftlichen und steuerlichen Zusammenhänge mehr besaßen. So schieden aus: das Gericht Stiepel, das Dorf Heven, das zum „Gericht" Herbede kam und von dem es noch im Jahre 1463 geheißen hatte: „in dem ampte van Boickhem by der Heeven", das Gericht Horst a. d. Ruhr, das Gericht Eickel, das Gericht Strünckede, die Gerichte Alt- und Neu-Castrop, das Gericht Mengede und das Gericht Langendreer. Als dieses 1611 gebildet werden sollte, erhob sich in dem Rest-Amt der stärkste Widerspruch. Durch den Abgang „der besten, weitwendigen Bauernschaften" würde das Amt Bochum sehr geschädigt werden. Ein Sechstel des Amtes ginge verloren, „das beste Land im ganzen Amte" hieß es in der Beschwerdeschrift. Aber alte Schuldverpflichtungen veranlassten nach fast hundertjährigem Zögern die damals schon königlich preußisch gewordene Regierung, die Belehnung im Jahr 1705 doch endlich durchzuführen und so wurde die Jurisdiktion

Langendreer, eine halbe Quadratmeile groß, vom Amt abgetrennt. Es hatte nun ein sehr zerrissenes Gebiet, zumal da auch die Stadt Bochum und die stadtähnlichen „Freiheiten" Wattenscheid und Castrop eigene Gerichts- und Verwaltungsbezirke bildeten.

Vielfach wird behauptet, die Sachsen hätten in ältester Zeit eine Einteilung ihres Landes in Gaue nicht gehabt, sondern diese sei fränkischen Ursprungs. Eine Gaueinteilung oder eine Einteilung in anderweitig benannte Verwaltungseinheiten bestand bei ihnen sicherlich ebenso, wie bei allen anderen germanischen Völkerschaften, ja, wie eine solche Einteilung bei allen Völkern besteht und bestanden hat. Nur die Bezeichnungen sind jeweils verschieden. Es ist bekannt, dass auch die sächsischen Heerhaufen nach Tausendschaften abgeteilt wurden, diese Heerhaufen aber nach althergebrachter Sitte zugleich Landsmannschaften waren. Dass sie auch 1.000 Krieger zählten, ist allerdings wenig wahrscheinlich, dass jedoch das heimatliche Gebiet, aus welchem die Schar kam, tausend Höfe umfassen mochte, ist mit gutem Grund anzunehmen. – Im Amt Bochum waren im Jahr 1486 noch 941 steuerpflichtige Höfe vorhanden. Zählt man die etwa 150 Höfe des „Staates" Essen (Das Stift selbst besaß als kirchliches Vermögen über 1.200 Höfe in Rheinland und Westfalen.) und die vielleicht 100 Höfe der damals schon verpfändeten Gerichtsbarkeiten hinzu, so kommen von Essen bis Huckarde selbst im späten Mittelalter erst 1.200 Höfe zusammen und dabei ist schon zu berücksichtigen, dass doch durch die der fränkischen Eroberung des Sachsenlandes folgende Schmälerung der Gemeindemarken zahlreiche neue Bauernstellen geschaffen worden waren. Mit 200 ist deren Zahl sicherlich nicht zu hoch angesetzt, sodass wir annehmen dürfen, das Bochumer Land sei vor den Sachsenkriegen mit rund 1.000 Höfen in 87 Dörfern und Halbdörfern besiedelt gewesen.

Die etwa 1.000 Höfe umfassenden einzelnen sächsischen Landgebiete scheinen als solche verschieden benannt worden zu sein. Es haben sich Namenverbindungen mit Land, Feld und West erhalten. Unser Land wird einige Male „pagus (lat., „Flur, Gau") Brotherga" genannt, also möglicherweise Gau Brotherga. Es gab auch einen pagus „Hasgo" und einen pagus „Emisgroa", also eine Verwaltungsgliederung in Westfalen schon vor der Frankenzeit.

Die vielen Namenverbindungen mit „Hund", wie Hundhamme, Hundscheid, Hundfeld, Hunddieck, Hundacker, Hundbrink, Hunnengraben, dazu Personennamen: Brunhund, Lefhund, Hunnecke, Huhe, Hunrich und Huno lassen erkennen, dass eine Unterbezirkseinteilung in Hundertschaften bestanden hat. Diese Einteilung hielt sich nicht krampfhaft an das volle Hundert, sondern die Zahlbestimmung hatte einen weiten Spielraum. Was um die Sechzig lag, hieß Kleinhundert, während das Großhundert bis 120 hinaufgehen konnte. Für je 120 Familien sollte ja auch nach des Frankenkönigs Karl Verfügung ein Gotteshaus errichtet werden.

Die Hundertschaft zerfiel in Thieschaften. „Thie" („Tiegge" heißt Zehn, der Tegeder ist der Zehnteinnehmer. Einen Thie-, Tie- oder Teimann findet man in fast jedem unserer Dörfer, einen Platz „am Thie" meist auch. Das Thie was das Dorf, die Zehnschaft. Etwa acht bis zwölf größere Bauernhöfe hatte denn auch im Mittelalter noch ein jedes unserer Dörfer, wenns nicht gerade „eine dubbelte Baurschaft" war, wie einige Male von Langendreer gemeldet wird, das aber eigentlich drei Bauernschaften „dar Ostene, dar Midden und dar Westeren" aufwies.

4. Einteilung dieses Amtes und seine Verwaltung

Im Mittelalter gab man die Lage der Dörfer meistens nach den Kirchspielen an, zu denen sie gehörten (spiel – spell = Teil), aber das Amt Bochum war im Jahr 1486 auch noch in das Oberamt (östlich), das Mittelamt (in der Mitte, um Bochum) und das Niederamt (westlich) eingeteilt; dazu kamen die Stadt Bochum und die Freiheiten Wattenscheid und Kastrop. Diese Einteilung blieb trotz anderweitiger Absplitterungen bis ins 18. Jahrhundert bestehen. – Die ländlichen Unterbezirke waren anscheinend nur die den ältesten Kirchspielen des Amtes angepassten Dienstbezirke der Amtsfronen, wenn auch für das Niederamt (um Wattenscheid, aber mit Ausschluss dieses Ortes) zeitweilig eine andere Einteilungsbedeutung bestand, wie wir bald sehen werden.

Zur fränkischen Zeit erhielt ein königlicher Beamter, ein „Graf", die Verwaltung des Landes. Der Bereich wurde nun „Grafschaft" genannt. Der Graf hatte den Kriegsdienst, den Geleitsdienst, die Abgabenleistungen der Grafschaftsbewohner zu regeln, die Rechtsprechung wahrzunehmen und die Kirche zu schützen. Als das Grafenamt nach nicht gar zu langer Zeit erblich wurde, stieg es sehr im Ansehen, und selbst Angehörige der Herrscherfamilien ließen sich von ihren königlichen Verwandten mit diesem Amt belehnen. So soll gerade auch unsere Grafschaft Bochum in den Besitz jener vornehmen sächsischen Familie gekommen sein, welche dem Reich im zehnten Jahrhundert die „sächsischen Kaiser" gab; es war die Familie der Liudolfinger. Die von den Sachsenkaisern dem Stift Essen gemachten großen Schenkungen im Essener Gebiet und in Huckarde rechtfertigen die Annahme, dass unser Ländchen einmal ganz in den Liudolfingischen Erb- und Familienbesitz gekommen war. Ein Spross dieser Familie muss auch jener Graf Hermann von Bochum gewesen sein, der im 11. Jahrhundert den erzbischöflichen Stuhl von Köln besteigen konnte und der dann ums Jahr 1065 (?) seine Grafschaft an das Erzstift brachte. Der in Langendreer geborene, in Bochum ansässig gewesene Heimatschriftsteller Max Seippel berichtet über die Besitz- und Herrschaftsverhältnisse der Bochumer Grafen folgendes: „In der Nähe Bochums, auf Wattenscheid zu, hatten die Grafen von Cobbenheim eine Besitzung. Der heute noch vorhandene Cabeisemannshof soll ein Rest derselben sein. In einer Urkunde Ludwigs des Deutschen vom Jahre 866 wird ein Graf Cobbo erwähnt, auch in einer Urkunde Ottos I. vom Jahre 947. Eine Villa Cobonis finden wir in zwei Urkunden von 1041 und 1243. Der letzte männliche Erbe aus dem Geschlechte der Grafen Cobbo, Hermann von Cobbenheim, wurde Erzbischof von Köln und brachte Bochum an dieses Erzstift. Dass also Bochum dem Grafen Cobbo gehörte, ist mithin zweifellos." - Wieviel von dieser Darstellung zutreffend ist, bleibt indessen dahingestellt.

Die Erzbischöfe von Köln ließen die Grafschaft Bochum ihrerseits auch wieder durch Beamte, also durch Grafen, verwalten, bis es den mächtig aufstrebenden Grafen von Altena, die anfangs auch nur Beamte und Lehnsmänner der Erzbischöfe waren, gelang, nach dem Jahr 1225 zuerst in den teilweisen Lehns- und Pfandbesitz, von dem zeitweilig der Amtsbezirk um Wattenscheid abgetrennt war, und schließlich in den erblichen unabhängigen Besitz der ganzen Grafschaft zu kommen.

Diese Grafen von Altena, oder, wie sie sich frühzeitig nach einer Neuerwerbung nannten: von der Mark, ließen unsere Grafschaft Bochum auch durch Beamte verwalten, die zuerst Richter, Beamte, Amtmänner und dann Drosten genannt wurden. Sie übten, wie vor ihnen die königlichen und erzbischöflichen Grafen, auch zunächst noch das Richteramt aus, dann aber traten besondere "Amtsrichter" auf, die als Untergebene des Drosten des Richteramtes warteten. Den Schriftverkehr des Amtmanns erledigte der Amtsschreiber. Dessen Dienstobliegenheiten wurden mehrmals von den Amtsrichtern mitverrichtet. In späterer Zeit übernehmen manchmal auch die Notare das Amtsschreiberamt.

Die Amtmänner, zuerst nur aus der Ritterschaft des Amtes berufen, später aber vielfach als Gläubiger des Landesherrn auch aus andern Ämtern stammend, erhielten bei ihrer Berufung einen „amptsbrief", eine Bestallungsurkunde, die auch zugleich ihre mannigfaltigen Pflichten aufzählte.

So hatte jeder Amtmann unter anderem auch einige "reysige perd, damit das Ampt to bereyden ind to bedienen", zu halten. Und da finden wir denn auch unter der Einwohnerschaft Hordels vom Jahr 1486 einen reisigen Knecht (= einen berittenen Söldner) namens Sneefynck, der also sicher ein Polizeireiter des Amtmanns war. Es werden drei solcher Reiter, je einer für jeden Unter (-Kirchspiel-) bezirk des Amtes vorhanden gewesen sein.

Der Droste hatte ein leidliches Diensteinkommen aus barem Gelde, Brennholz und Domänenhafer bestehend, und daneben die "jura", d. h. die Gebühren von fast allen Amtshandlungen. Amtsrichter, Amtsschreiber und Gerichtsfronen waren nur auf die Gebühren angewiesen. Sie alle übten ihr Amt auch nur gelegentlich und nebenamtlich aus. Den reisigen Knechten wird der Droste wohl einen Teil der 175 Scheffel Hafer, die zu seinem Einkommen gehörten, abzugeben gehabt haben, da er die Polizei ja zu halten hatte. In späteren Zeiten hatte auch der Amtsrichter einige kleine feste Bezüge aus den Domäneneinnahmen.

Der Droste verwaltete die inneren Angelegenheiten des Amtes anfangs nur nach den Weisungen des Landesherrn, vom fünfzehnten Jahrhundert ab aber unter Mitwirkung der eingesessenen Ritterschaft.

Auf den durch solche Mitwirkung späterhin in Aufnahme gekommenen Amts- oder Erbentagen wurde der einfache Amts-Haushaltsplan aufgestellt und der nötige Steuerzuschlag zur Kontribution, der Schatz, bewilligt. Obwohl die Ritter keine Steuern bezahlten, hatten sie doch das Bestimmungsrecht darüber, was die Steuerpflichtigen oder Kontribuablen zahlen sollten, erlangt. Man kann aber nicht sagen, dass sie sehr bewilligungsfreudig auf anderer Leute Kosten gewesen wären. Es ging alles sehr knapp und sparsam zu. Seit 1702 übte die preußische Regierung die Kontrolle über die kommunalen Ausgaben aus. Das geschah hauptsächlich aus dem verzweifelten Bemühen, die Finanzen der nunmehr längst preußischen Länder Cleve und Mark nach mehr als vierzigjährigen Versuchen endlich aufzubessern. Diese Länder waren schon sehr verschuldet, als sie im Jahr 1609 an den Brandenburger Kurfürsten fielen, und das Jahrhundert des Dreißigjährigen Krieges und der französischen Kriege hatte die Verschuldung aufs Höchste gesteigert.

Die vierzehn Drostenämter der Grafschaft Mark sollten daher im Jahr 1724 beseitigt werden. Ihre Dienstobliegenheiten sollten ganz auf die Richter, die bisher dem Drosten unterstellt waren, übergehen. Diese Änderung konnte aber erst nach und nach vorgenommen werden, und im Bochumer Land kam sie gar nicht zur Durchführung.

5. Die Grafen und Drosten des Landes vom ersten Auftreten derselben bis zum Jahr 1753

Die sehr umfangreichen archivalischen Forschungen zur Geschichte Langendreers boten die Gelegenheit, die Reihe der Oberhäupter der alten Grafschaft Bochum durch alle Jahrhunderte eines tausendjährigen Zeitabschnittes ziemlich lückenlos festzustellen. Die nachstehenden Namen und Jahresangaben werden ihre urkundliche Nachweisung in dem in einigen Jahren erscheinenden Großen Heimatbuch von Langendreer erhalten. Im Jahr

839 wird Graf Cobbo genannt. Er ist 842 Vogt von Osnabrück. Beziehungen zu Bochum konnten hier nicht festgestellt werden. Er wird auch noch 866 genannt.

889 Graf Choppo, Zeuge in Münster, wird auch 890 noch erwähnt.

928 Graf Friedrich. In seiner Grafschaft liegt das Dorf Mengede; dort macht König Heinrich I. eine Schenkung.

947 Graf Cobbo oder Graf Ecberth. In des einen Grafschaft liegt Hucrithi (= Huckarde), das König Otto d. Gr. dem Stift Essen schenkt.

966 Graf Hoold im Brukterergau. König Otto d. Gr. schenkt den in diesem Gebiet gelegenen Hof Irenzil (= Ehrenzell i. Essen) dem Stift Essen.

1001 Graf Liudger. In dessen Herrschaftsgebiet liegt der Hof Stiepel.

1030 (?) Graf Adolf, der Vater des folgenden Grafen.

1041 Graf Hermann in Buckhem, Adolfs Sohn, auch noch im Jahr 1065 erwähnt.

1085 Graf Eppo (?).

1092 Graf Meinrich zu Bochum. Er wird auch noch i.J. 1101 genannt.

?   .... (hier waren über rund drei Generationen keine Angaben
         zu finden)

?   ....

?   ....

1193 Graf Arnold von Altena zu Isenburg, belehnt mit der
     Grafschaft Bochum, bis 1202.

1202 Graf Eberhard von Isenburg, bis 1207.

1207 Graf Friedrich von Isenburg, bis 1225.

1236 Hugo, judex de Buchem des neuen Landesherrn Grafen von
     der Mark.

?   .... (s.o. eine Lücke in den Aufzeichnungen)

1298 Gyselbert Speke, judex.

1299 Lubbert et Gyselbertus de Vitinghove, judice in Bochem.

1327 Johannes de Scheele de Letmethe, judex in Buchem.

1338 Ernst Specke (aus Lütgendortmund.)

1342 Ernst Bodelswingh, officiatus tunc temporis in Bochem.

1345 Rotger von der Dorneburg-Aschenbrock, auch 1346.

1353 Anton von Marten und Heinrich von Heven, Drosten des
     Grafen v. d. Mark und des Erzbischofs von Köln.

1356 Dietrich von der Leithen, Drost zu Bochum.

1358 Cäsar von Gysenberg, erzbischöflicher Droste.

1359 Gerlach von Westhusen, gräflicher Droste, auch 1364 noch im
     Amt.

1369 Sander von Galen zu Rechen, noch 1372.

1372 Heinrich Dücker van dem Crengeldanse, auch 1388 im Amt.
     Im Jahr 1381 kommt der erzbischöfliche Anteil an den Grafen.

1391 Johann von Dorneburg gen. Aschebrock. Auch 1392 im Amt.

1395 Johann von Nordhus.

1398 Johann von Galen, auch 1421 im Amt.

1437 Wennemar von Hasenkamp, Droste des Grafen v. d. Mark.

1435 Dietrich von Eickel, Droste Gerhards v.d. Mark, noch 1444 im
      Amt.
1444 Robert Stael von Holstein, Droste Adolfs, des Grafen von der
      Mark.
1448 Dietrich von Nordkirchen, Verweser.
1448 Johann von Galen zu Rechen, Droste Gerhards.
1462 Lutter Stael von Holstein, Pfandinhaber des gräflichen Anteils.
1463 Adolf von Bodelswingh, Droste.
1468 Wennemar von Hasenkamp zu Brüggeney in Stiepel, auch
      1481 genannt.
1474 Christoffel von Loe.
1476 Johann von Hasenkamp zu Brüggeney.
1478 Johann von Eickel zum Goswinkel.
1481 Wennemar von Hasenkamp, noch 1488 im Amt.
1489 Wessel Paschendael, Amtmann und Rentmeister.
1493 Johann von Altenbochum, auch 1511 im Amt.
1513 Georg von Schüren (aus Langendreer?)
1515 Bruno von Schüren, auch 1521 im Amt.
1522 Johann von Loe.
1527 Johann von Altenbochum, Droste.
1534 Johann von Loe, bis 1542.
1543 Christoffel von Loe bis 1558.
1559 Melchior von Dellwig, noch 1585 im Amt.
1588 Johann von Marhülß, Droste zu Bochum und Lünen.
1589 Johann Dietrich von der Recke, auch 1604 im Amt.
1606 Jost von Aschebrock, noch 1612 im Amt.
1617 Georg von Syberg zu Wischeling, auch 1622.
1623 Jobst von Aschebruch zu Mahlenburg, auch 1624 im Amt.
1624 Georg Syberg von Bochumb, auch 1625.
1628 Matthias von Vaerst.

1630 Wennemar von Neuhoff, Obristwachtmeister, bis 1652 im Drostenamt.

1652 Johann Dietrich von Syberg zu Wischelingen. Da er als brandenburgischer Gesandter tätig war, wurde er häufig durch Johann Georg Syberg zur Kemnade vertreten. Er hatte das Amt bis 1676 inne.

1676 Konrad von Strünckede zu Dorneburg, bis 1688. Er hatte seit 1669 zeitweilig den Herrn von Syberg vertreten.

1688 Konrad von Strünckede, des vorigen Sohn. Da er noch minderjährig war, als ihm der Kurfürst das Amt verlieh, amtierte für ihn ein Vetter, der ebenfalls Konrad von Strünckede hieß. Er selbst verwaltete das Drostenamt von 1713 bis 1719.

1719 Karl von Strünckede, des vorigen Bruder, war Droste bis 1720.

1721 Major von Weyher bis 1745, fast stets vertreten durch den Hauptmann von Seelen (auch Sehl).

1745 Oberstleutnant von Retzow. Er erhielt 421 Taler 5 Stüber Gehalt, sollte sich aber als Droste nicht „um Oeconomie-Sachen kümmern und sich nicht mit der Justiz melieren". Er blieb im Amt bis 1753.

6. Die Geschichte des Bochumer Landes bis 1753

In der zweiten Hälfte des 11. Jahrhunderts begann eine Zeit schlimmster Kriegswirren in Norddeutschland, wo sich die Sachsen gegen den damaligen Kaiser Heinrich IV. empört hatten. Des Kaisers Gegner zerstörten in dem nicht enden wollenden Kampf zuletzt die Königsgüter (Deutschland war eigentlich ein Königreich; den Kaisertitel führten die deutschen Könige nur als gleichzeitige Beherrscher italienischer Gebiete und nach erfolgter Kaiserkrönung durch den Papst. Erst seit 1356 führten sie allgemein den Kaisertitel unter Verzicht auf die Krönung durch den Papst.) in Westfalen und verbrannten auch die königliche Stadtsiedelung Dortmund im Jahr 1114. Der König kam später mit einem Heer, das aus bairischen, ostfränkischen, schwäbischen und thüringischen Aufgeboten bestand und verwüstete seinerseits wieder die Gebiete seiner Feinde, zu denen auch der Erzbischof von Köln, der damalige Landesherr des Bochum Landes, gehörte. Da muss denn auch dieses Ländchen schwer heimgesucht worden sein. Fehlen doch auch aus dieser Zeit fast alle Urkunden und selbst die Namen der Grafen dieses Jahrhunderts sind nicht zu ermitteln.

Um 1190 erhielt der Graf Arnold von Altena von seinem Bruder Adolf, der damals Kölner Erzbischof war, zu seinem Reichslehen Hattingen noch die Osthälfte der erzbischöflichen Grafschaft Bochum zu Lehen und es wurde ihm die Isenburg bei Hattingen erbaut. Sein zweiter Sohn Friedrich von Altena-Isenburg geriet in einen Streit mit Erzbischof Adolfs Nachfolger Engelbert, der ebenfalls ein Angehöriger der Grafenfamilie war, und dieser Streit endete 1225 mit der Erschlagung des Erzbischofs, worauf Friedrich in die Reichsacht getan und hingerichtet wurde.

Sofort nach dem Totschlag hatte sich Friedrichs Vetter, der Graf von Altena, über die Lande Hattingen und Bochum und über die anderen verwaisten Besitzungen des Isenburgers hergemacht und sie für sich in Besitz genommen. Der neue Erzbischof forderte zwar Hattingen und Bochum zurück, weil diese Grafschaften Lehen waren, aber der Graf hatte in aller Eile die Burg Blankenstein erbauen lassen und behauptete mit ihrer Hilfe seine Beute. So musste sie ihm schließlich als Lehnsbesitz zugestanden werden. Als aber der Sohn des unglücklichen Friedrich herangewachsen war, forderte er sein Erbe von seinem Verwandten zurück, und da dieser es nicht hergeben wollte, so entstand ein jahrelanger, mit großer Heftigkeit geführter Erbkrieg, der zuletzt nur durch den Kölner Lehnsherrn geschlichtet werden konnte. Der Graf von Altena und Mark behielt Hattingen und das Ober- und Mittelamt der Grafschaft Bochum, und der junge Isenburger erhielt das Ländchen Limburg an der Lenne und den Mitbesitz in Bochum. Aus den Herrschaftsrechten in der Grafschaft Bochum wurde er aber nach einiger Zeit durch den Grafen von der Mark (Altena) völlig verdrängt; nur die gutsherrlichen Rechte blieben ihm, und deshalb fand man bis ins 19. Jahrhundert hinein bei uns so viele hohenlimburgische Lehnsgüter.

In dieser Zeit, um 1250, begannen die Ritter unseres Ländchens ihre Lehnsbriefe und Urkunden aufzubewahren, und so kommt es, dass vom 13. Jahrhundert ab Nachrichten zur Landesgeschichte reichlicher vorliegen. - Immer wieder mussten die Lehnsritter zu den Fehden der Lehnsherren ausziehen. Da befehdeten die Grafen von der Mark die Grafen von Arnsberg, dann stritten Köln und Mark gegen die Bischöfe Westfalens, zu anderer Zeit aber Erzbischof und Graf gegeneinander und zwar meistens um den Besitz der Grafschaft Bochum. Aus diesem Lehnsbesitz konnten die Grafen von der Mark einen Pfandbesitz machen, denn der Erzbischof stand bei ihnen arg in der Kreide, und auch das „Niederamt", das Kirchspiel Wattenscheid gelangte noch an die Mark, weil Köln nicht nur die alten Schulden an den Grafen nicht abtragen konnte, sondern noch neue Darlehen aufnehmen musste. Die märkischen Herren hatten wunderbarerweise Geld - ein seltener Fall bei mittelalterlichen Fürsten, und sie liehen den Erzbischöfen willig. So kamen denn im Jahr 1392 die lange getrennt gewesenen Bochumer Gebietsteile wieder zusammen, und der Chronist konnte berichten: „Alsus quam de heele Grafschap weder an den vorscreven Greve Engelbrechten ganz und geheel."

In zwei Stücken hatten die Grafen von der Mark allerdings ihre Absichten nicht erreicht. Sie hatten in Bochum einen schon begonnenen Burgbau nicht vollenden dürfen und sie mussten sich auch in der Befestigung des von ihnen zur Stadt erhobenen Ortes Bochum auf die Anlage von Wall und Graben beschränken.

Inzwischen war es dem Bochumer Ländchen wieder recht schlecht ergangen. Seine Landesherren hatten seit jeher das lebhafte Verlangen, die reiche und gutbefestigte Stadt Dortmund ihrer landesväterlichen Fürsorge zu unterwerfen. Dortmund war zwar eine freie Reichsstadt und die Reichsfreiheit war ihr von den Kaisern oft bestätigt worden, aber was fragten mittelalterliche deutsche Fürsten nach den Maßnahmen der Kaiser! Für sie waren die Kaiser nur dazu da, ihnen immer wieder Gerechtsame und Reichsgüter zu verleihen, im Übrigen handelten sie meist nur im eigenen Interesse und so waren sie durch alle Jahrhunderte bis in die neueste Zeit hinein schlimme Unterdrücker ihrer Mitmenschen.

Die Stadt Dortmund hatte dem märkischen Störenfried schon mehrmals erfolgreich widerstanden, so noch im Jahr 1350, aber im Jahr 1388 entwickelte sie geradezu glänzende kriegerische Kräfte, als nun der Graf Engelbert III. von der Mark mit einem zahllosen Gewimmel verbündeter Fürsten, Grafen und Herren anrückte, um die

Stadt in seine Gewalt zu bringen. Sie konnte nicht nur den Rittern und Söldnern all jener Landesherren widerstehen, sondern sie vermochte auch noch den Osten des Amtes Bochum schwer durch Plünderungszüge zu schädigen. Den Westteil des Amtes überließ sie ihrem Parteigänger Bitter von Raesfeld, der mit 40 Reisigen das Land rings um Bochum und Wattenscheid mit Raub, Mord und Brand heimsuchte. Die schutzlose Landbevölkerung feindlicher Gebiete durch Plünderung und Verwüstung zu schädigen, das gehörte zu den wichtigsten Betätigungen der mittelalterlichen Kriegsführung. – Noch nicht lange war dieser Streit, aus dem Dortmund siegreich hervorgegangen war, beigelegt, da geriet der Graf von der Mark (seit 1368 auch Grafen, seit 1417 Herzöge von Cleve) mit seinem Bruder Gerhard in einen Erbschaftsstreit, der wieder mit weitgehender Landverwüstung verbunden war. Gerhard von der Mark, der sein Erbteil in Paris vertan hatte, forderte von dem Bruder neue Mittel. Graf Adolf wies ihm die Einkünfte verschiedener Bezirke zu, aber Gerhard forderte die Zuteilung einer besonderen Grafschaft. Er fand die Unterstützung der Ritterschaft und der Städte des Amtes Bochum. Im Jahr 1427 versprachen die „Ritterschap, Wonachtich in dem veste von Bochum: bernt ouelacker, Dirik van Eyckel, Coyn van Eickel, Hynric van der Leyer, Johan van Brugney, Henric Dukernelinch, Thönys Duker, Gerd Steenhus, Gerd Dobbe, Henric van der Heide, Diric Duker, Renken van Hullen, Cord van Ham, Johan Aschebruck. Diric van Hauekenschede, Heidenreich vamme Holte, Herbert van Delwigk, Henric van Drier, und achtundzwanzig Ritter anderer Ämter," sowie „burgermestere ind raet der wibbolde Buchem, Hattneggen and wattenschede, dat wy Juneh Gerarde va Cleue, Greue to der marck, ansen gnedige Hern sullen ind willen laten tot den Steden, Slaten, Gerichten, Herlicheiden, upkomden tuoll, Teinden, gulden, Rente ind lehnschappe, tot der grauenschap des lans van der mark gehorende,

seyn leuen lanck", wofür der Graf Gerhard sie aber auch „nitt vurder beswere mit Huldinge off mit gülte."
(St. A. Cl. M. Urk. Nr. 1373 aus C1a).

Obwohl die feindlichen Brüder sich endlich einigten und Gerhard nach Zustimmung der Ritterschaft und der Städte des Amtes Bochum im Besitz dieses Amtes bleiben konnte, gab es doch immer wieder Streitigkeiten, die blutigen Ausgang nahmen, wenn auch leider nicht für die Fürsten, sondern nur für die geplagte Bewohnerschaft des Amtes. Endlich aber starb der unselige Gerhard, und sein Anteil fiel 1462 an den Herzog-Grafen von Cleve-Mark zurück.

1443 hatte der Erzbischof dem Herzog Adolf die Pfandschaft über das Amt Bochum gekündigt, löste es aber nicht aus, und seit dieser Zeit war von einer Rückgabe auch nie mehr die Rede.

Die einst wohlhabenden märkischen Grafen waren aber durch Ihre ständigen Fehden, besonders durch die große Dortmunder Fehde, und durch den von Gerhard verursachten Streit ebenfalls so stark in Verschuldung geraten, dass sie Staatsgüter, Steuer- und Zolleinnahmen, Beamtenstellen, Gerichtseinkünfte, ja, selbst ganze Ämter verpfänden mussten und dennoch zeitweilig in drückendster Geldnot lebten. Und um 1448 hatte Johann von Gehmen sogar die ganze Grafschaft Mark pfandweise als „Landdroste" in Besitz. Zugleich war noch das Amt Bochum an Stael von Holstein für 500 Goldgulden besonders verpfändet. Da Stael aber später zwei Leute aus Witten widerrechtlich gefangen setzte, wurde ihm 1462 das Amt Bochum genommen und seine Forderung an den Landesherrn auf 100 Gulden zurückgeführt - eine Strafmaßnahme, die dem Grafen gewiss sehr angenehm war und die er wohl gern gegen alle seine Gläubiger hätte anwenden mögen.

Nach dem Tod des Grafen Gerhard genoss das Amt Bochum gleich der ganzen Grafschaft Mark einige Jahrzehnte größerer Ruhe. Das

Land konnte sich wieder erholen, und im Jahr 1486 wurde der Versuch gemacht „syner genaiden ampten ind versatte renten derselwer graifschap" durch die Ausschreibung und Erhebung einer besonderen Steuer einzulösen. Damals gab es im Amt Bochum 941 steuerpflichtige Höfe, die zusammen 2.700 Goldgulden aufbrachten. Es trat auch eine merkliche Besserung der Landesfinanzen ein, sodass der Herzog Wilhelm, Graf von der Mark „der Reiche" genannt werden konnte. Aber schon 1543 war wieder Krieg im Land und zwar zwischen dem Herzog und dem Kaiser, und da lagen die schwarzenberg'schen Kriegsvölker des Kaisers im Amt Bochum, weil der Herzog nach anfänglichen Erfolgen unterlegen war. Alle Gemeinden des Amtes mussten wieder schwere Kriegskontributionen aufbringen. Einigen von ihnen streckte der Weinwirt Mettegang aus Bochum die benötigten Geldmittel vor.

In dieser Drangsals vollen Zeit fand die Reformation ihre ersten Anhänger im Amt. In Wischlingen, Bladenhorst und Langendreer wurden um 1545 schon protestantische Gottesdienste gehalten und deutsche Kirchenlieder gesungen. Über Streitigkeiten zwischen den Anhängern der alten Bekenntnisform und den Neuerern liegen geschichtliche Mitteilungen nicht vor und auch später noch lebten die Parteien streitlos nebeneinander. Als aber selbst zwei Kölner Erzbischöfe zum Protestantismus übertraten und es besonders um 1580 zum Kampf mit dem evangelischen Erzbischof und dem katholischen Bewerber um das Erzbistum kam, da geriet unser Amt doch in den Strudel der Kriegswirren, und als gar der deutsche Kaiser Rudolf II., einer der für Deutschland so unheilvoll gewesenen Habsburger, die Ketzerei in Westfalen und am Rhein mit Hilfe eines starken spanischen Heeres unterdrücken wollte, da kam eine solche himmelschreiende Not über das ganze Land und besonders auch über das Amt Bochum, dass selbst die katholischen Bischöfe Westfalens, der neue Erzbischof und der Kaiserliche Gesandte sich mit Beschwerden an den König von Spanien wandten, aber nichts mit diesen Beschwerden erreichten. Von 1586 bis 1599 dauerte dieses Elend, und nach wenigen Jahren folgten ihm wieder die Unruhen und Unsicherheiten des Erbschaftsstreites, der zwischen Kurbrandenburg und Pfalz-Neuburg um die Erbfolge in Cleve und Mark, in Berg und Ravensberg im Jahr 1609 ausgebrochen war und der wieder Spanier und Holländer als die Helfer der streitenden Parteien ins Land brachte. Zu wiederholten Malen forderten auch schwere Seuchen, „Pest" genannt, viele Opfer. Der kleve-jülich'sche Erbschaftsstreit überdauerte sogar den Dreißigjährigen Krieg, der auch zu mehreren Malen Spanier, Italiener, Lothringer, Pfalz-Neuburger, Hessen, Holländer, Schweden, Brandenburger und Kriegsvölker des Kaisers ins Land führte. Alle ohne Ausnahme traten den Landesbewohnern als Feinde gegenüber, selbst die brandenburgischen Soldaten, denn zu jenen Zeiten musste „der Krieg den Krieg ernähren". Neben den Einquartierungen und Seuchen vollendeten Diebesbanden und Wolfsrudel das Elend der stark gelichteten Einwohnerschaft. Hilfe vermochte niemand zu bringen.

Der Kurfürst von Brandenburg, der mutmaßliche Erbe der Grafschaft Mark, forderte 1634 von den Räten der klevischen Regierung eine „Designation der Grafschaft Mark". Über das Amt Bochum wird da folgendes berichtet:

„Bochumb ist die Haubstadt von den Kleinen Stätten, die Pfarrkirche daselbsten ist bey des H.E. Pfaltz Gravens von Newburgs administration exreformieret undt zum Papstumb pracht, in Av. 1633 aber wiederumb reformieret worden. Gestalt beide Pabst- und reformeirte ad etzlische jahren daselbst geprediget, endtlich aber durch den Graff von Schwartzenburgh den reformierten inhibiret worden. Haben die weiniger nicht daselbst auff das Graffliehe

Rendmeisterey Haus ihr frey Exercitium, das dazu gehöriges Ambt, auch Bochumb genandt, hat in sich zwey Freyheiten, benenntlichen Castropff und Wattenscheidt und ein absonderlich Lenbar Gericht, das Gericht Castropff genandt, die Unterthanen alda sein mehrenteils Evangelisch undt Papistisch, die Vornembste Ritterschaft aber Reformiert. Hat in sich verschiedene Kerspell, darunter Zwey aber reiche parochien undt ein Nonnen Kloister. Drost daselbst ist Wennemehr von Newhoff zur Baldeney. Motpfeld."
(Geh. St. A. R. 34, Nr. 142a.)

1651 erschienen wieder feindliche Kriegsvölker in der Mark, zuchtlose, lothringische Söldner, die ihr durch die Franzosen seines Landes beraubter Herzog, dem Pfalzgrafen von Neuburg, zu einem Feldzug geliehen hatte, da der Pfalzgraf mit seinem Miterben, dem Kurfürsten von Brandenburg, nicht ins Reine kommen konnte, weil er zu große Erbansprüche erhob. Die Lothringer hausten an manchen Orten, so auch in Langendreer, recht übel, aber diesmal legte sich der Kaiser doch wirklich landesväterlich ins Mittel und schlichtete den Streit zwischen den Uneinigen, ehe größeres Unheil geschehen war.

Noch vor Beendigung des erst im Jahr 1666 abgeschlossenen Erbstreites ließ der Kurfürst eine Feuerstätten Liste der Grafschaft Mark zu Steuerzwecken aufstellen. Das Amt Bochum hatte nach dieser Liste in Stadt und Land gegen 2.000 Haushaltungen, darunter über 1.100 ländliche. Die hohe Zahl der Haushaltungen so kurz nach fast achtzigjährigen Kriegsunruhen muss überraschen; aber sehr viele Haushaltungen sind auch als „arm" bezeichnet, und eine nicht geringe Anzahl von Familien „lebte der Almosen". Die Familien werden nur aus wenigen Personen bestanden haben, denn es ist denkbar, dass wüste Höfe und Kotten von den Kindern derjenigen Landleute, die den Krieg und seine Folgeerscheinungen überstanden hatten, neu in Bewirtschaftung genommen waren und sich also die wenig zahlreiche

Bevölkerung nur in eine große Zahl von Haushaltungen aufgelöst hatte. So manche Hofstelle lag zu jener Zeit trotzdem noch wüst - 15 Jahre nach dem Westfälischen Frieden.

Friedrich Wilhelm, der Große Kurfürst, sorgte nach Möglichkeit für das Land. Er versuchte dem Bergbau und der Industrie Eingang ins Land zu verschaffen, stellte eine regelmäßige Postverbindung über Lünen nach Cleve durch das Amt Bochum her, aber die ungeheure Verschuldung der ganzen Grafschaft Mark, deren einzelne Ämter und Gemeinden noch wieder mit Kriegsschulden belastet waren, stand einer gedeihlichen Entwicklung bis zum Schluss des 17. Jahrhunderts hindernd im Weg. Schwere Schäden brachte in den französischen Kriegen der Einfall der Franzosen in die westlichen Besitzungen des Großen Kurfürsten, der als einziger deutscher Reichsfürst sich bemühte, den welschen Feinden Widerstand gegen die Verwüstung der Lande am Rhein zu leisten, während die geistlichen Fürsten von Köln und Münster sich sogar auf die Seite des Feindes gestellt hatten und es ihm ermöglichten, sich von 1672 bis 1679, wenn auch mit größeren Unterbrechungen, in der Grafschaft Mark aufzuhalten und auch das Amt Bochum mit Einquartierungen und Kriegssteuern arg zu plagen.

Dann aber kam für eine lange Zeit Ruhe ins Land. Von 1679 bis 1757 sah das Amt Bochum keinen feindlichen Soldaten auf seinen Fluren. Die Schulden der Gemeinden wurden größtenteils, die des Amtes ganz, getilgt, und auch die Landesschulden konnten schon um das Jahr 1700 erträglich geregelt, verpfändete Staatsgüter eingelöst werden. Die Macht des kurbrandenburgisch-preußischen Staates, seit 1701 ein Königreich, war so erstarkt, dass seine Gegner und Neider auch seine entfernt liegenden Provinzen am Rhein: Cleve und Mark, unbehelligt ließen, auch als das unruhige Frankreich wieder und wieder in Holland, Belgien und Süddeutschland seine verschiedenen Kriege führte.

Der Bergbau begann sich zu regen; in Bochum wurde im Jahr 1738 ein Bergamt eingerichtet. Die Bevölkerung nahm langsam zu. Im Jahr 1739 hatte die Stadt Bochum 1.605 Einwohner, die Freiheit Wattenscheid zählte 580, die Freiheit Castrop 489 Einwohner. Eine alte Liste zählt 61 ländliche Ortschaften und Wohnplätze mit 10.913 Einwohnern auf. Ein Wohnplatz hatte unter 20 Einwohner, drei hatten unter 50, zwölf unter 100, neun unter 150, elf unter 200, dreizehn unter 250 Einwohner. Die größten Orte waren: Hamme mit 268, Hessler mit 270, Weitmar mit 285, Braubauer mit 310, Harpen mit 380, Höntrop mit 390, Gelsenkirchen mit 405, Lütgendortmund mit 414 und Langendreer mit 629 Einwohnern. Die Einwohnerzahl des Gerichts Eickel, das aus den Ortschaften Eickel, Bickern und Röhlinghausen bestand, ist mit zusammen 898 Personen angegeben.

7. Das Amt Bochum als Bestandteil des märkischen Kreises Hörde und die Gerichtsherrlichkeiten im Amt von 1753 bis 1806

Im Jahr 1753 ordnete König Friedrich der Große die Verwaltungs- und Gerichtsverhältnisse in der Grafschaft Mark von Grund aus um. In anderen preußischen Provinzen waren bereits seit 1734 Landratsämter und landrätliche Kreise eingerichtet worden, jetzt kamen sie auch in unserem Land zur Einführung. Die vierzehn Drostenämter wurden aufgehoben und aus ihren Bezirken vier landrätliche Kreise gebildet: Hamm, Hörde, Wetter und Altena. Die Städte und die Gerichtsherrlichkeiten unterstanden den Landräten nur in beschränkter Weise. Die Soester Börde hatte eine Sonderverwaltung. Das Amt Bochum kam zum Kreis Hörde, dem auch das damalige Amt Hörde mit dem Gericht Witten, die Gerichte Langendreer, Castrop, Eickel und Horst und die Stadt Hattingen zugeteilt wurden. Der weitläufige Kreis hatte über 23.000 Einwohner.

Den Landräten unterstand jetzt nicht mehr die Rechtspflege und das Domänenwesen, sondern nur noch die Verwaltung, die Polizei, das Steuerwesen und das Militär - Aushebungswesen. Besondere Domänen-Rentämter, deren eins in Bochum und eins in Hörde vorhanden waren, verwalteten seit jeher den staatlichen Grundbesitz und dessen Einkünfte, sowie die Regalien. Die Richter, die seit 1724 auch die Verwaltungsarbeiten erledigt hatten, wurden nun ganz von dieser Aufgabe befreit. Die Gerichte der einzelnen, vormaligen Ämter, bisher mit Einzelrichtern besetzt, legte der König zu sechs Landgerichten mit je einem kleinen Richter - Kollegium zusammen. Auch Bochum erhielt ein solches Landgericht mit drei Richtern. Die Jurisdiktionsgerichte blieben bestehen.

In Bochum und in den Hauptorten der anderen alten Ämter blieben nur die Steuereinnehmer oder Receptoren zurück. Sie hatten aber nicht nur die mannigfachen Steuern einzuziehen, was bei dem Durcheinander der verschiedensten im Land umlaufenden Geldsorten durchaus nicht so einfach war, sondern sie hatten auch die Hand- und Spanndienste, welche die Kontribuablen dem Staat bei den Transporten von Kohlen, Salz, Getreide, Heeresbedarf und bei Reisen obrigkeitlicher Personen, bei Gefangenenbewachungen und Fortschaffungen, bei Wegebauten, Wolfsjagden und anderen öffentlichen Arbeiten zu leisten hatten, zu regeln und zu überwachen. Ihre Tätigkeit entsprach ungefähr den Obliegenheiten der späteren Amtsbürgermeister. Die Entlohnung war in Anbetracht der vielen Anforderungen eine sehr geringe, die Anstellung nur eine solche auf Zeit.

Die Gerichtsherrlichkeiten bildeten eigene „Recepturbezirke". Die Regierung hatte diese Herrlichkeiten bestehen lassen, weil sie dem Staat nicht nur keine Kosten verursachten, sondern ihm noch dadurch eine kleine Einnahme brachten, dass die Gerichtsherren für die Ehre, diesen Titel führen zu dürfen, dem Staat ein jährliches Lehnsgeld zu zahlen hatten.

Der märkische Adel wünschte, dass die Landräte, wie bisher die Drosten, ihren eigenen Reihen entnommen würden. Der König ließ aber erwidern: „Diese stellen seyn nur vor alte gute Officiers, die Sr. Maj. wohl und tüchtig gedienet haben." Dennoch wurde im Kreis Hörde wieder ein einheimischer Adliger zum Landrat bestellt.

Die fürsorglichen Maßnahmen Friedrichs des Großen, der auch durch Hebung des Bergbaues und durch Förderung und Weiterentwickelung der Landwirtschaft, durch Forstschutz und Markenteilung unsere Heimat zur Blüte zu bringen suchte, fanden während des Siebenjährigen Krieges von 1756 bis 1763 eine unheilvolle Unterbrechung. Da der große König gegen fast ganz Europa zu Felde liegen musste, wurden seine westfälischen Provinzen von den Feinden schwer heimgesucht. Besonders oft waren die Franzosen bei uns, und obwohl sie zu verschiedenen Malen von den Preußen aus dem Land gejagt wurden, so kamen sie immer wieder, wenn die Soldaten des alten Fritz anderen Feinden entgegentreten mussten. Aber auch preußische Streifscharen traten hart auf im Land und holten, durch die Umstände gezwungen, an Geld und Geldeswert, an Pferden und Korn heraus, was nur eben der Fortführung des kriegerischen Widerstandes dienlich sein konnte.

Die Grafschaft Mark musste immer wieder Kriegskontributionen aufbringen und zu dem Zweck Anleihen aufnehmen. Sie lieh selbst von der damals noch so wenig kapitalkräftigen Kohlenberggewerkschaft 3.032 Taler, und das Amt Bochum, also der damalige Recepturbezirk, musste noch zu Ende des Jahres 1762 bei der Fürst-Äbtissin von Essen, Franziska Christina, Pfalzgräfin bei Rhein, ein Darlehen von 5.000 Talern aufnehmen, um eine Kontribution an die französische Armee zahlen zu können. Die Äbtissin hatte das Geld „aus ihrer eigenen Chatouille" hergegeben, und das Amt hatte sich, als es in großer Not und Exekutionsgefahr schwebte, gern zu 5% Zinsen verpflichten wollen, die Fürst-Äbtissin aber aus „nachbarlicher Zuneigung sich mit 4%iger Verzinsung begnügt und danach für das Jahr 1763 (als schon wieder Friede war) auch die entsprechenden Zinsen erhalten.

Nun aber hatte der König angeordnet, dass die öffentlichen Schulden nur mit 3% zu verzinsen seien, und nach diesem Satz wollte die Regierung zu Cleve die weitere Zinsenzahlung regeln. Die Äbtissin aber erklärte, sie wäre keine Untertanin des Königs, sondern ein freier Reichsstand und sie könne die Verordnung des Königs nicht anerkennen. Die Regierung sowie die eingesetzte Landes-Kredit-Kommission erklärten sich für außerstande, die königliche Verordnung eigenmächtig zu durchbrechen, aber die Fürstin forderte 1765 von dem Präsidenten der Commission, dem Freiherrn von Hagen, dass er, weil sie den König nicht selbst behelligen wollte, den Receptor in Bochum anweisen möchte, ihr die Zinsen ab 1764 mit 4% zu bezahlen, denn es sei keine Art, einem Helfer in der Not eine Schädigung zuzufügen — ganz abgesehen davon, dass der Credit der preußischen Staaten dadurch erschüttert würde. Auf dieses an die Staatsregierung geleitete Schreiben wurde verfügt, dass der Äbtissin ihr Darlehen mit 4% zu verzinsen sei, obwohl die große Menge der Kriegsschulden zur Herabsetzung des Zinsfußes genötigt hätte. Das Amt Bochum zahlte nun auch bis 1769 einschließlich die Zinsen mit 4% „gut Geld" durch den damaligen Receptor Jacobi, aber der folgende Receptor Grollmann wollte seither die Zinsen nur in Berliner Courant zahlen und nicht, wie in der Obligation ausbedungen, in schwerer Silbermünze oder in Gold. Die Äbtissin wandte sich im Januar 1773 beschwerdeführend an die Staatsregierung, und diese wünschte durch Schreiben vom 9. März, dass nicht allein die Gläubigerin voll befriedigt, sondern auch die teure Schuld baldmöglichst getilgt werde.

Die nunmehr in Hamm (seit 1766) eingerichtete „Märckische Krieges- und Domainen-Cammer-Deputation" berichtete im März 1773 an das Departement des Staatsministers Freiherrn von der Schulenburg, dass das vorgeschossene Kapital s. Zt. in französischen Laub- oder Cronentalern, die nach schlechtem Gelde zu 52 1/2 Stüber gerechnet waren, gegeben worden sei. Nachdem nun das Kapital der schlechten Münze in ein solches von schwerer Münze umgewandelt worden wäre, sei es gemäß dem Münzedikt von 1765 auf 4.000 Taler berechnet und mit 160 Talern verzinst worden. Am 27. Juni 1770 sollte eine Zinsenzahlung mit preußischen Talern erfolgen, aber der abteiliche Rentmeister hatte die Zahlung in Gold verlangt. Das hätte eine Mehrbelastung von 8 Talern ergeben; diese Mehrausgabe möge

die Staatsregierung in den Rechnungen passieren lassen, dann könne die Angelegenheit stillschweigend nach dem Willen der Äbtissin erledigt werden. Die Rückzahlung der Summe in einem Betrag sei nicht möglich, denn das Amt habe sich von dem Krieg noch nicht wieder erholt. Es könnten jährlich höchstens 600 Taler abgetragen werden. Friedrich d. Gr. entschied darauf, dass der Fürst-Äbtissin, die im Krieg ein solches Entgegenkommen gezeigt hatte, nur 4% Zinsen zu fordern, diese Zinsen in Gold zu zahlen seien und dass das Kapital nach Möglichkeit in Raten abgetragen werden sollte.
(Geh. St. A. Gen. Dir. March CCXL IV Tit. XII, 3.)

Diese Verhandlungen gewähren zahlreiche interessante Einblicke in die Verhältnisse jener Zeit, deshalb sind sie hier ausführlicher mitgeteilt worden.

Das Amt Bochum und die in seinem Bereich liegenden Gerichtsherrlichkeiten haben unter den wiederholten Durchzügen großer Franzosenheere mehr zu leiden gehabt als andere Teile der Grafschaft Mark, weil ja die bequemsten Heerstraßen des Landes im Hellweg liegen. Wie sehr aber dennoch das ganze Land durch den Krieg in Mitleidenschaft gezogen war, erhellt aus der Tatsache, dass die Grafschaft im Jahr 1748 über 100.000 Einwohner gehabt hat, im Jahr 1787 dagegen nur 76.914 Seelen gezählt worden sind.

Der Kreis Hörde hatte im Jahr 1787 nur 22.818 Einwohner. Er war nach dem Siebenjährigen Krieg noch lange ein industrieloses Gebiet, in dem 1792 noch 1.078 Voll- und Halbbauern wohnten, mindestens ebenso viele Kötter auch nur von der Landwirtschaft lebten und zahlreiche Rittergüter eigene landwirtschaftliche Betriebe unterhielten. Eine Industrie war noch nicht vorhanden, wenn man von den wenigen, durch Wasserkraft betriebenen Hammerwerken und einigen Sensenschmieden absieht, und der Bergbau verschwand neben der Landwirtschaft noch völlig. Um aber Handel und Wandel zu beleben, wurden gerade im Kreis Hörde die ersten westfälischen Chausseen angelegt, und um das Jahr 1790 konnte die Linie Essen-Bochum-Crengeldanz- Stockum-Hörde bereits dem Verkehr übergeben werden. Durch die Französische Revolution, die 1789 begonnen hatte, kamen viele französische Flüchtlinge ins Land, und das letzte Jahrzehnt des 18. Jahrhunderts brachte wieder Truppendurchzüge preußischer und österreichischer Heeresteile, die gegen das revolutionäre Frankreich marschierten und zuerst als Sieger, zuletzt aber als fast Besiegte zurückkehrten, denn das revolutionäre Frankreich huldigte durchaus keinem Pazifismus und war nicht bereit, feindliche Angriffe in Ergebenheit hinzunehmen.

Um die Jahrhundertwende machten starke, sehr gut organisierte Räuberbanden unsere Wälder und Landstraßen unsicher, drangen in geschlossene Dörfer, selbst in Städte ein und scheuten selbst vor Mordtaten nicht zurück. Die Landesbehörden waren machtlos; erst einer militärischen „Special-Sicherheits-Commission", die in Bochum ihr Hauptquartier nahm, gelang bis zum Jahr 1802 die Eindämmung der Bedrohung, zu dem auch Ortschaften unseres Amtes ihren Anteil gestellt hatten. Im Zuchthaus zu Altena büßten die meisten Täter in langjähriger schwerer Haft ihre Frevel.

Der Wohlstand im Land nahm trotz Kriegsunruhen und Unsicherheit in jener Zeit zu, und die Bevölkerung vermehrte sich ersichtlich, da an der Ruhr und in ihren kleinen Seitentälern der Steinkohlenbergbau kräftiger sich zu rühren begann und Zuzug von Bergleuten aus Schlesien, Sachsen und Süddeutschland zur Folge hatte.

Der im Jahr 1753 gebildete Kreis Hörde ist von folgenden Landräten verwaltet worden:

1753	A. von Grüter,
1771	Freiherr von der Recke,
1777	von Grüter zu Ickern,

1792	von Grüter zu Altendorf bei Schwerte.
1803	Major von Unzer zu Dorneburg.

8. Das Amt in der französischen (großherzoglich-bergischen) Zeit von 1806 bis 1813 und in der Zeit von 1813 bis 1816

Im November 1806 rückten erneut die Franzosen ins Land und nahmen es diesmal ganz für sich in Besitz. Bis zum März 1809 blieb aber die alte preußische Einteilung und Verwaltung mit den alten Beamten bestehen. Nur der Titel der Regierung in Hamm wurde dreimal geändert (Bis 26.08.1808: Landes-Administrations-Collegium, bis 03.03.1809: Gouvernements-Commissariat für die Provinz Mark und 1811: Großherzoglich bergische Regierung in Hamm). Der Landrat von Unzer blieb noch bis zum April 1809 Leiter des Kreises Hörde.

Bis zum Juli 1808 war der französische General Murat Großherzog des von Napoleon gebildeten Großherzogtums Berg, dem auch die Grafschaft Mark zugeteilt war und das 306 Quadratmeilen mit 891.536 Einwohnern umfasste. Napoleon behielt nun das Land bis zum März 1809 selbst, dann aber gab er es seinem Neffen Napoleon Ludwig, und da dieser noch minderjährig war, wurde die Regierung in des Kaisers Namen weitergeführt. Alle Befehle, Verordnungen und Gerichtsentscheide in unserm Land ergingen in jener Zeit im Namen Napoleons, Kaisers der Franzosen, Königs von Italien und Beschützers des Rheinbundes.

Das Großherzogtum wurde nun nach französischem Muster eingeteilt. Nach dem Gesetz vom 14. November 1808 zerfiel es in vier Departements; jedes Departement hatte als Verwaltungsbezirke Arrondissements und diese bestanden aus den Municipalitäten oder Mairiean, die aus Gemeinden gebildet waren. Jede Gemeinde mit mehr als 5.000 Seelen bildete einen besonderen Verwaltungsbezirk mit Selbstverwaltung, eine Municipalität. Die kleineren Orte wurden zu Municipalitäten zusammengelegt. Im Bochumer Ländchen gab es keinen Ort, der 5.000 Einwohner hatte. Bochum selbst zählte nur etwa 2.000 Bewohner.

Außer den Verwaltungsbezirken gab es noch Steuer- und Gerichtsbezirke, „Cantone" genannt. Sie umfassten 10.000 bis 15.000 Einwohner, demnach auch mehrere Municipalitäten.

Das altehrwürdige Bochumer Land war dem Arrondissement Dortmund zugeteilt. Dieses „Kreis"gebiet hatte 72.864 Einwohner in sechs Cantonen. Von denen interessieren uns nur die Cantone: Dortmund (12.997 Einwohner), Bochum (11.963 Einwohner), und Hörde mit 9.717 Einwohnern.

Zum Canton Bochum gehörten die vier Mairieen Bochum, Wattenscheid, Herne und Lütgendortmund, also mit allen Ortschaften des früheren Amtes mit Ausnahme des „Gerichts Langendreer", das mit Witten zu einer Mairie und Municipalität vereinigt und dem Canton Hörde zugewiesen war. Dieser Canton hatte die drei Städte: Hörde, Schwerte und Westhofen und 38 Landgemeinden, darunter die großen Dörfer Langendreer und Witten, und dennoch zählten diese 41 Gemeinden nur 9.717 Seelen.

Erst im April 1809 konnten die neuen Beamten die Geschäfte übernehmen und am 13. August erst erfolgte die Vereidigung der Maires. Die Beamten waren durchweg eingesessene Leute aus den heimatlichen Bezirken. Für ihre öffentlichen Dienste erhielten sie angemessene Gehälter.

Freiherr Gisbert von Romberg zu Brünninghausen wurde Präfect des Ruhrdepartements; er hatte also etwa die Stellung eines Regierungspräsidenten. Er war auch zugleich Unterpräfect (Landrat) des Arrondissements (Kreises) Dortmund. Das Ruhrdepartement umfasste 70 Municipalitäten mit 212.608 Einwohnern.

Das Leben der Bewohner des Bochumer Ländchens ging unter all den vielen politischen und administrativen Umwälzungen fast ganz seinen altgewohnten Gang. Die dem Napoleon so sehr nachgepriesene Aufhebung der Leibeigenschaft der Bauern war für die Bauern des Landes ohne sonderliche Bedeutung, denn es gab hier keine Leibeigenen, sondern höchstens eine Anzahl Hofhöriger, die sich aber ganz als „freie Erbgesessene" fühlten, und die persönlich freien Zeit- und Erbpächter von grundherrlichen Höfen, sowie eine nicht unbedeutende Zahl freier Bauern auf eigenem Grund und Boden. Die Steuern, Zehnten, Dienste und Renten, welche auf den einzelnen Höfen gelegen hatten, ließ der neue Herrscher Napoleon bestehen, also verschaffte er der Bochumer Bauernschaft gar keine Erleichterung. Nur die Aufhebung des Mühlenzwanges, nach welchem die Landesbewohner bestimmten Mühlen zugewiesen waren und andere Mühlen nicht benutzen durften, und die Beseitigung der Jurisdictionsgerichte wurden als eine Wohltat anerkannt. Der edle Napoleon ließ sich diese Wohltaten aber auch tüchtig bezahlen. Unerbittlich wurde die waffenfähige Jugend des ganzen Landes in die französischen Heere eingereiht, um in Spanien und Russland für den gallischen Kriegsruhm fechten und bluten zu müssen, und unaufhörlich wurde die Steuerschraube fester angezogen, denn Napoleons Kriegführen kostete sehr viel Geld. Alle anderen Anläufe, das Volk mit Werken der französischen „Kultur" vertraut zu machen, mussten schnell ins Stocken geraten, denn schon in den ersten Novembertagen des Jahres 1813 rückten die Preußen wieder siegreich in die Mark ein und die Franzosenherrschaft zerfiel über Nacht.

Die preußische Militär-Verwaltung des eroberten Großherzogtums beließ zunächst alle Beamten in ihren Stellungen, forderte dann aber im März 1814 ein Verzeichnis sämtlicher Verwaltungsbeamten der besetzten Gebiete. Diesem Verzeichnis entnehmen wir die Namen der Beamten des Bochumer Bezirks:

Freiherr von Romberg, Landesdirektor, Dortmund, mit 8.000 Franken Gehalt, 36.000 Franken Bürokosten.

Müller, Generalsekretär, Dortmund, 2.666,68 Franken.

Flatten, Steuereinnehmer für den Canton Dortmund, in Dortmund, 2.955 Franken Gehalt, dazu 200 Franken Gratification.

Natorp, Steuereinnehmer für den Kanton Bochum, in Bochum, 2.745 Franken Gehalt, 200 Franken Gratification.

Doerth, Steuereinnehmer für den Kanton Hörde, in Schwerte, 2.640 Franken Gehalt, 200 Franken Gratification.

Biggeleben, Bürgermeister zu Castrop, 1.300 Franken Gehalt und Bürokosten seitens der Gemeinde.

Jacobi, Bürgermeister zu Bochum, 1.350 Franken Gehalt und Bürokosten seitens der Gemeinde.

Hense, Bürgermeister zu Wattenscheid, 1.200 Franken Gehalt, Bürokosten trägt die Gemeinde.

Freiherr von Syberg, vertr. Bürgermeister zu Lütgendortmund, wohnhaft in Wischlingen, Vertreter des Bürgermeisters Glasen, der als Freiw. Jäger ins Feld gezogen ist, 900 Franken Gehalt und Bürokostenvergütung.

Steelmann, Bürgermeister zu Herne, in Eickel wohnhaft, 1.000 Franken Gehalt und Bürokostenvergütung.

Pellmann, Bürgermeister zu Witten, in Langendreer wohnhaft, 1.200 Franken Gehalt und Vergütung der Bürokosten.

Die Departements Verwaltung und die des Arrondissements Dortmund erforderte insgesamt 40 obere Beamte. Der Bürokratismus blühte also.

Das Arrondissement Hamm hatte 38 Beamte obiger Art. Der Unterpräfect erhielt 3.000 Franken Gehalt und 6.000 Franken Bürogeld.

Gleiche Bezüge hatten die Unterpräfecten der Arrondissements Hagen und Essen. Hagen hatte 33, Essen 31 obere Beamte.

Das Arrondissement Essen mit Duisburg, Ruhrort, Werden, Dinslaken, Recklinghausen, Dorsten und Buer hatte das preußische Militär-Gouvernement sogleich wieder dem westfälischen Gebiet zugeteilt, weil Essen seit unvordenklichen Zeiten ein Bestandteil Westfalens war.

Die Wiederinbesitznahme der vormals preußischen Gebiete Westfalens war am 06. November 1813 von Hameln aus durch den Generalleutnant von Bülow, Führer des 3. Preußischen Armee-Corps, ausgesprochen worden. Pommersche Husaren waren es dann, die zuerst in Bochum einrückten - am 11. November 1813.

Am 14. November 1813 berief General von Bülow den Freiherrn von Vincke zum Preußischen General-Commissar für Westfalen und Rheinland. Der Freiherr von Romberg blieb als „Landesdirektor" der Grafschaft Mark weiterhin im Amt. Nach und nach kehrte die alte Ordnung wieder. Durch Verordnung vom 08. April 1815 wurde das Land- und Stadtgericht für das alte „Amt" Bochum in Bochum errichtet. Nur die ehemalige Herrlichkeit Langendreer blieb noch bei dem Gericht Hörde und kam dann sogar noch für einige Zeit zum Land- und Stadtgericht in Schwerte.

Am 20. Juli 1815 wurde die Provinz Westfalen in ihrem hauptsächlichsten Umfange gebildet. Essen und Werden kamen zur Rheinprovinz. Unsere Bezirksregierung erhielt ihren Sitz zuerst in Hamm, am 15. Juli 1816 aber in Arnsberg, da nun entschieden worden war, dass das kölnische Sauerland auch zu Preußen und nicht zu Hessen-Kassel kommen sollte. Die Bezirksregierungen sollten jetzt zunächst den Umfang der neuen Landkreise bestimmen und die Landräte berufen. Die Verwaltung des Landesdirektors von Romberg hatte schon am 22. April 1816 ihre Tätigkeit als Bezirksbehörde eingestellt, aber der Freiherr von Romberg blieb als landrätlicher Kommissar vorerst noch im Dienst. In der Nr. 56 des Westfälischen Anzeigers von 1816 stand dann folgende Bekanntmachung: „Da die Wirksamkeit der Königlichen Landes- Direction zu Dortmund mit dem 1. k. M. aufhört und der von derselben bisher mitverwaltete landräthliche Dortmundsche Kreis nach der Bekanntmachung vom 20. Juli v. J. theils zur Königl. Regierung zu Arnsberg, der vormals Münstersche Theil desselben aber, sowie der vormals Münstersehe Theil des Hammschen Kreises zur Königl. Regierung zu Münster übergehen, so sind zur Wahrnehmung der landräthlichen Geschäfte bis zur nahen Kreis-Eintheilung von jenem Tage an in der Eigenschaft als Kreis-Commissare von mir beauftragt worden, nämlich

1.) der Herr Landrath v.d. Leithen zu Laer bei Bochum in dem zur Königl. Regierung zu Arnsberg übergehenden Theil des Dortmundschen Kreises.

2.) …

3.) …

Diese einstweilige Anordnung bringe ich hierdurch zur Kenntnis der betreffenden Behörden und Eingesessenen. Münster, den 27. Juli 1816

Der Ober-Präsident Vincke.“

9. Die Neubildung eines „Kreises" Bochum in den Jahren 1816 und
   1817

Der Domainendirektor von Bernuth erhielt im Herbst 1815 die Geschäfte eines „Regierungs-Organisations-Commissarius" für den geplanten Regierungsbezirk Hamm, dem auch das ehemalige kölnische Herzogtum Westfalen zugeteilt werden sollte, wenn es an Preußen fallen würde. Nach Bernuths Vorschlag sollte der Bezirk zwölf Kreise erhalten, die möglichst von gleicher Größe an Fläche und Seelenzahl sein würden. Der Anfall des kölnischen Sauerlandes an Preußen erfolgte inzwischen und schon am 26. Juni 1816 ging der Staatsregierung eine "Projectierte Eintheilung der Kreise des Regierungsbezirks Marck-Westphalen nach einzelnen Commünen und Schultheissen-Distrikten" ohne erläuternden Begleittext zu. Diese Einteilung war bereits im November 1815 aufgestellt worden. Ein königlicher Erlass vom 08. Juni 1816 hatte die Stadt Arnsberg zum Regierungssitz bestimmt und für den Bezirk den Namen „Regierungsbezirk Arnsberg" angeordnet.

Die 12 Kreise waren teils märkisch, teils westfälisch, einige von ihnen bestanden aus Gebietsteilen beider Länder. Nachstehende Aufstellung gibt über die Zusammensetzung einen Überblick:

Kreis	Einwohner	davon märkisch	westfälisch
1. Hamm	34.120	34.120	---
2. Soest	31.594	18.187	13.407
3. Dortmund	28.515	28.515	---
4. Bochum	28.362	28.362	---
5. Hagen	28.978	28.978	---
6. Altena	27.996	27.996	---
7. Iserlohn	28.476	16.033	12.443
8. Arnsberg	32.352	---	32.352
9. Lippstadt	20.718	---	20.718
10. Brilon	18.272	---	18.272

11. Medebach	18.242	---	18.242
12. Olpe	24.569	---	24.569
zusammen	322.194	182.191	140.003

Das königliche Besitzergreifungs-Patent für das ehemalige Herzogtum Westfalen (das kölnische Sauerland) und für die Grafschaften Wittgenstein-Wittgenstein und Wittgenstein-Berleburg wurde am 15. Juli 1816 erlassen.

Die beiden Grafschaften Wittgenstein, zusammen nur acht Quadratmeilen (440 Quadratkilometer) mit 2.123 Feuerstätten und 16.020 Einwohnern bildeten seit dem 08. Dezember 1816 den 13. Kreis des Regierungsbezirks.

Im Jahre 1818 kam dann noch das vormalige Reichsfürstentum Siegen, 10 Quadratmeilen (550 qkm) groß, mit 33.081 Einwohnern, in 4.628 Feuerstätten, vom Regierungsbezirk Coblenz an den Regierungsbezirk Arnsberg und wurde dessen 14. Kreis. In jenen Jahrzehnten ging manche Fürstenherrlichkeit samt ihrer gelebten Zwergstaaterei sang- und klanglos zu Grunde, aber es wird wohl noch eine geraume Zeit vergehen, bis wir zu dem deutschen Einheitsstaate gekommen sein werden.

Für diesen Kreis war auch die Benennung „Erwitte" vorgeschlagen worden. Da die Stadt Lippstadt altmärkisch war, ist hier die Herkunft der Bewohner des Kreises nicht richtig angegeben.

Ein neuer Bericht über die Einteilung der Arnsbergischen Kreise ging am 03. November 1816 vom Ministerium des Innern dem Finanzministerium zu. Der neue Plan enthielt nur einige kleine Änderungen und die Zuteilung der Wittgensteinschen Grafschaften.

Über die Bildung des Kreises Bochum ist folgendes angegeben:

Pos.	Art	Kommune	Einwohnerzahl
1.	Stadt	Bochum	2102
2.	Landgemeinde	Querenburg und	
		(Haus) Heve	306
3.	' '	Laer	320
4.	' '	Uemmingen	61
5.	' '	Steinkuhle	161
6.	' '	Rechen	68
7.	' '	Hafkenscheid	50
8.	' '	Brenschede	87
9.	' '	Altenbochum	306
10.	' '	Goy	39
11.	' '	Wiemelhausen	217
12.	' '	Baut Weitmar	97
13.	' '	Baerendorff	110
14.	' '	Weitmar	265
15.	' '	Hordel	75
16.	' '	Hoffstedde und	
		Marmelshagen	225
17.	' '	Berge	33
18.	' '	Grumme	239
19.	' '	Holthausen	17
20.	' '	Dahlhausen	15
21.	' '	Loepenbruch	13
22.	' '	Hamme	235
23.	' '	Overdieck	69
24.	' '	Riemcke	262
25.	' '	Hörstchen	5
Bürgermeisterei Bochum insgesamt			5355
26.	Stadt	Wattenscheid	675
27.	Landgemeinde	Ueckendorff	187
28.	' '	Leithe	58
29.	' '	Schalicke	162
30.	' '	Gelsenkirchen	404
31.	' '	Hessler	253
32.	' '	Hullen	101
33.	' '	Bulmecke	82
34.	' '	Braubauer	320
35.	' '	Grimberg	68
36.	' '	Günningfeld	120

Nr.			
37.	' '	Eppendorff	258
38.	' '	Westenfeld	222
39.	' '	Höntrop	316
40.	' '	Sevinghausen	102
41.	' '	Eiberg	147
42.	' '	Freysenbruch	123
43.	' '	Koenigsteele	183
44.	' '	Aschenbruch	38
45.	' '	Munscheid	118
Bürgermeisterei Wattenscheid insgesamt			3937
46.	Dorf	Herne	744
47.	Landgemeinde	Baukau und Strünckede	316
48.	' '	Bladenhorst	128
49.	' '	Bieckern	296
50.	' '	Crange	155
51.	' '	Eickel	489
52.	' '	Hiltrop	261
53.	' '	Holsterhausen	252
54.	' '	Horsthausen	100
55.	' '	Pöppinghausen	158
56.	' '	Röhlinghausen	180
Bürgermeisterei Herne insgesamt			3079
57.	Stadt	Hattingen	2474
58.	Landgemeinde	Horst	248
59.	' '	Dahlhausen	309
60.	' '	Dumberg	237
61.	' '	Wenigern	229
62.	' '	Altendorff	461
63.	' '	Linden	371
64.	' '	Winz	220
65.	' '	Oberbonsfeld	438
66.	' '	Niederbonsfeld	382
67.	' '	Bredenscheid	235
68.	' '	Niederbredenscheidd	204
Bürgermeisterei Hattingen insgesamt			5208
69.	Dorf	Niedersprockhövel	766
70.	Landgemeinde	Obersprockhövel	533
71.	' '	Hiddinghausen	67
72.	' '	Oberstüter	142

Nr.	Art	Ort	Einwohner
73.	′ ′	Niederstüter	490
74.	′ ′	Oberelfringhausen	303
75.	′ ′	Niederelfringhausen	204
Bürgermeisterei Sprockhövel insgesamt			2505
76.	Stadt	Blankenstein	690
77.	Landgemeinde	Ostherbede	380
78.	′ ′	Westherbede	493
79.	′ ′	Heven	362
80.	′ ′	Vormholz	142
81.	′ ′	Durchholz	222
82.	′ ′	Oberstiepel	130
83.	′ ′	Mittelstiepel	221
84.	′ ′	Brockhausen	216
85.	′ ′	Schrick	105
86.	′ ′	Haar	178
87.	′ ′	Buchholz	230
88.	′ ′	Welper	167
89.	′ ′	Baack	182
90.	′ ′	Oberholthausen	232
91.	′ ′	Niederholthausen	197
Bürgermeisterei Blankenstein insgesamt			4147
92.	Dorf	Witten	1212
93.	′ ′	Langendreer	911
94.	′ ′	Werne	274
95.	′ ′	Stockum	251
96.	′ ′	Somborn	71
97.	′ ′	Düren	108
98.	′ ′	Annen	343
99.	′ ′	Wullen	72
100	′ ′	Rüdinghausen und	
		Brunebeck	289
Bürgermeisterei Witten insgesamt			3531

Durch Erlass vom 16. Januar 1817 genehmigte der König die Bildung des neuen Kreises Bochum nach dem vorgelegten Plan. Die Ernennung des Majors a. D. Moritz Joachim Gottlieb von Untzer zu Dorneburg, der schon von 1803 bis 1809 Landrat des Hördischen Kreises und dann Unterpräfekt und Landrat im Hagenschen Kreis gewesen war, zum Landrat von Bochum erfolgte auch am 16. Januar 1817. Der Landrat sollte ein Gehalt von 800 Talern beziehen. Möchte er aber genötigt sein, statt auf seinem Gute in der Stadt Bochum zu wohnen, so müssten ihm 1.000 Taler Gehalt gezahlt werden. Jedoch müsste die Notwendigkeit, in der Stadt zu wohnen, genau geprüft werden. Die Eingesessenen des Kreises Hagen sahen ihren Landrat ungern scheiden; sie hatten bei der Regierung vergebliche Schritte getan, ihn sich zu erhalten. Dieser Versuch ehrt beide Teile.

Diejenigen Offiziere oder Gutsbesitzer, die nicht schon vor 1806 Landräte gewesen waren oder studiert hatten, mussten sich bei ihrer Berufung zum Landrat verpflichten, innerhalb von sechs Monaten eine Verwaltungsprüfung abzulegen. Der Zudrang zu den Landratsstellen war recht erheblich. Es wurden auch Bürgerliche zu Landräten ernannt, so P. E. Müllensiefen in Iserlohn.

Der nunmehrige Kreis Bochum hatte eine ganz andere Gestalt als das einstige Amt Bochum. Im Süden reichte er weit über die Ruhr hinaus, während er im Osten stark beschnitten worden war. So fielen das Gericht Mengede und fast das ganze Gericht Castrop an den Landkreis Dortmund, und die Ortschaften Lütgendortmund, Rahm, Kirchlinde, Westrich, Bövinghausen, Kley, Oespel, Delwig, Holte, Marten und Wischlingen, sowie Harpen (519 Einw.) und Gerthe (261 Einw.) kamen ebenfalls an diesen neuen Kreis. Die frühere Freie Reichsstadt Dortmund hatte nämlich ein so kleines Landgebiet besessen, dass es zur Bildung nur eines einzigen preußischen Kreises bei weitem nicht ausreichte. Deshalb musste alt-märkisches Gebiet zur Kreisbildung mitverwendet werden.

Dem Landratsamt in Bochum wurden folgende Beamte zugeteilt:

der	Landrat, Major a.D. von Untzer	48	Jahre	alt,
der	Kreissekretär, Freiw. Jäger Ostermann	26	' '	' '
der	Kreiskopist, Heinrich Adolf Böing	28	' '	' '
der	Kreiskassenrendant, Natorp	50	' '	' '
der	Kreisarzt, Dr. med. Kortum	70	' '	' '
der	Kreisärztliche Substitut, Dr. Flügel	30	' '	' '
der	Kreiswundarzt, Moritz Funke	49	' '	' '.

Die Übernahme der landrätlichen Geschäfte erfolgte im April 1817. Der bisherige Commissar von der Leithen erhielt das Landratsamt Hagen.

(Geh.St.A., Rep.77, Tit.561 Nr.1.)

Mit der königlichen Genehmigung der arnsbergischen Kreiseinteilung und Abgrenzung war die Sache aber für viele Orte und Bezirke noch nicht endgültig abgeschlossen. Jetzt kamen erst die einzelnen Orte und ganze Bürgermeistereien mit ihren Sonderwünschen hervor, und es gab auch tatsächlich mancherlei Abänderungen, denn die Regierung ging schon deshalb mehrfach auf Wünsche ein, weil die erste Einteilung wenig Rücksicht auf den Umfang der Kirchspiele und gar keinen Bedacht auf die militärischen Notwendigkeiten genommen hatte. Nicht nur die Rekrutierungs-, sondern auch die Verpflegungs-, Einquartierungs- und Spanndienstmöglichkeiten waren erheblich zu berichtigen. Auf die Bildung der neuen Stadt- und Landgerichtsbezirke musste bei den Verbesserungen der Kreiseinteilung ebenfalls Rücksicht genommen werden. An diese letztere Angelegenheit hatte man zwar von Anfang an gedacht, die Organisation der Gerichte aber nicht abwarten können. Auch da gab es viele Änderungen. So kam die Gerichtsbarkeit über die vormalige Jurisdiktion Langendreer i. J. 1817 vom Stadt- und

Landgericht Schwerte wieder an das Bochumer Gericht zurück. (Die Jurisdiktionsgerichte hätten übrigens wieder aufleben können, aber fast alle Gerichtsherren verzichteten nun auf ihre Rechte.) Am 01. Januar 1819 kamen Harpen und Gerthe wieder zum Kreis und zugleich auch zur Bürgermeisterei Bochum zurück, während dagegen Wullen und Annen zur Bürgermeisterei Hörde des Kreises Dortmund geschlagen, und Ober- und Niedersprockhövel zum Kreis Hagen gelegt wurden. Am 01. März 1819 kamen auch Rüdinghausen und Brunebeck noch zum Kreis Dortmund.

Der Kreis Bochum war nun 6 ½ Quadratmeilen (359 1/3 Quadratkilometer) groß und zählte im Jahr 1820 in 4.783 Feuerstellen 28.709 Einwohner. Die vierzehn Kreise des Regierungsbezirkes Arnsberg waren damals von zusammen nur 374.909 Menschen bewohnt.

10. Die Schicksale des Kreises von 1817 bis 1929

Um 1817 gab es in unserem Kreis nur zwei eigentliche Städte: Bochum und Hattingen. Bochum zählte in 391 Häusern 2.102 Einwohner, Hattingen hatte 348 Häuser mit 2.561 Bewohnern. In Bochum kamen auf jedes Haus 5 1/3, in Hattingen aber 7 1/3 Bewohner.

Wattenscheid besaß auch Stadtrechte, aber es zählte nur 898 Seelen in 162 Häusern.

Die Gewerbe- und Fabriktätigkeit war in jenen Zeiten immer noch recht gering. Die Landwirtschaft beherrschte das Feld wie schon tausend Jahre vorher. In Bochum war zwar wieder ein Bergamt eingerichtet worden, aber der Bergbau wurde noch sehr im Kleinen betrieben, wenn auch die erste Zechen-Dampfmaschine Westfalens gerade im Kreis Bochum, auf der Zeche Vollmond zu Werne bei Langendreer, bereits im Jahr 1799 aufgestellt worden war.

Die geförderten Kohlen konnten aber doch teilweise bereits auf guten Landstraßen verfrachtet werden. Dem ersten Chausseebau Hörde-Crengeldanz-Bochum-Steele-Essen, 1795 vollendet, war von 1807 bis 1816 der Bau der Landstraße Crengeldanz-Castrop gefolgt. Die preußische Regierung hatte diese Chaussee schon im Jahr 1805 geplant, aber die Franzosen ließen den Bau nach den ersten Anfängen liegen und erst in der Zeit von 1814 bis 1816 konnte diese kurze Strecke gebaut werden. Die ersten Chausseen wurden noch ohne Packlage hergestellt. Im Jahr 1828 kam die Kunststraße Bochum-Elberfeld zustande, 1830 erfolgte der Bau der Chausseestrecke Hattingen-Langenberg, 1839 Bochum - Haltern, 1842 Crengeldanz-Sprockhövel, 1849 Bochum-Dorsten, 1865 Kemnade-Hattingen. Diese Straßen wurden teils auf Kosten des Staates, teils auf Kosten der Provinz Westfalen und der anliegenden Gemeinden gebaut.

Inzwischen hatte der um 1830 begonnene Tiefbau auf Kohlen bedeutende Fortschritte gemacht. Überall waren auch im Kreis Bochum Tiefbauzechen entstanden, und diese alle konnten ihre Kohlen nur absetzen, weil ein neues Beförderungsmittel, die Dampfeisenbahn, ebenfalls in unserem Kreis Eingang gefunden hatte.

Die erste Bahnstrecke im Kreis, die 1847 gebaute Köln-Mindener Bahn ging zwar vorsichtig um den schon dichter bevölkerten Kern des Kreises herum und berührte nur die kleinen Orte Gelsenkirchen, Wanne und Herne, aber die 1860 erbaute Bergisch-Märkische Bahn führte von Essen über Steele, Bochum und Langendreer mitten durch den Kreis nach Witten. Nun folgte rasch ein Bahnbau dem anderen: Bochum – Langendreer - Dortmund (1862), Dahlhausen - Laer - Langendreer, Bochum – Riemke - Herne, Bochum – Wattenscheid - Essen, Essen – Schalke - Herne, Essen – Wattenscheid – Bochum –

Langendreer - Dortmund (1874), Kray - Gelsenkirchen, Langendreer –
Witten-Ost - Löttringhansen (1880).

Die Kohlen und die Bahnen brachten die Schwereisenindustrie ins
Land. Da wuchsen die Städte und die Dörfer riesenhaft an. Am besten
wird das Wachstum aus nachstehender Tabelle der Einwohnerzahlen
ersichtlich sein:

	1855	1864	1875
Stadt Bochum	6.660	11.757	28.368
Stadt Hattingen	4.518	5.377	6.682
Stadt Witten	5.112	10.536	18.106
Amt Blankenstein	8.924	10.828	13.269
Amt Bochum	8.420	11.761	28.443
Amt Gelsenkirchen	2.424	5.600	25.610
Amt Hattingen	13.260	16.687	23.616
Amt Herne	5.208	8.375	20.898
Amt Langendreer	3.328	5.516	12.649
Amt Wattenscheid	6.574	10.704	26.781
gesamt	64.428	97.141	204.122

Das Amt Langendreer war im Jahr 1850 wieder selbständig
geworden, als Witten die städtische Verwaltung einführen musste.

Die Stadt Bochum schied am 1. Oktober 1876 aus dem bisherigen
Kreisverband aus und bildete einen Stadtkreis. Das Landratsamt des
nunmehrigen Landkreises Bochum blieb aber nicht nur in der
ausgeschiedenen Stadt, sondern es wurde sogar in den neunziger
Jahren noch ein stattliches Kreisständehaus an der Bismarckstraße
neu errichtet.

Die neuen Landkreise verfügen je über eine
Selbstverwaltungskörperschaft: die Kreisvertretung (Kreistag) mit dem
aus Kreisvertretern gebildeten „Kreisausschuss" als der ausführenden
Körperschaft.

Diese Kreisvertretung war durch das Gesetz vom 13. Juli 1827 ins Leben gerufen worden. Der Kreistag war ständisch gegliedert und bevorzugt wurden immer noch die ehemals bevorrechteten Kreise des Großgrundbesitzes. Zum ersten Stand, dem der (vormals regierenden) Fürsten und Herren, stellte der Kreis keine Vertreter. Der zweite Stand, der der Rittergutsbesitzer, vertrat bis 1885 die damals noch vorhandenen zwanzig kreistagsfähigen Rittergüter des Kreises, die je eine Stimme hatten. Es waren die Güter: Bladenhorst, Bruch, Clyff, Crange, Dahlhausen, Goor, Grimberg, Havkenscheid, Herbede, Horst, Kemnade, Laer, Langendreer, Lyren, Nosthausen, Rechen, Sevinghausen, Schwarzemühle, Strünckede und Weitmar. Zum dritten Stand stellten die Städte Bochum, Hattingen, Witten (seit 1825 Stadt), Wattenscheid (seit 14.11.1876 wieder Stadt) und Gelsenkirchen (seit 28.04.1877 Stadt) je einen Vertreter, und der vierte Stand - Landgemeinden - wurde durch Abgeordnete der Bürgermeistereien (später "Ämter") Blankenstein, Bochum, Gelsenkirchen, Hattingen, Herne, Langendreer und Wattenscheid vertreten.

Im Jahr 1874 war ein Kreisständehaus in Bochum, Alleestraße Nr. 11, neu erbaut worden. Der Kreis hatte i. J. 1875 auf 359 Quadratkilometern 204.122 Einwohner und war der dichtest bevölkerte Landkreis des preußischen Staates.

Der gewaltige Bevölkerungszuwachs machte eine Vermehrung der Verwaltungsstellen notwendig. Das Amt Gelsenkirchen wurde daher nach der Stadtwerdung des Amtsortes in die drei Ämter Schalke, Ueckendorf und Wanne geteilt, und am 01.04.1881 mussten aus dem Amt Bochum die Ämter Bochum I, Nord, und Bochum II, Süd, gebildet werden. Nun waren zehn Ämter im Landkreis vorhanden. Obgleich jetzt die Stadt Bochum nicht mehr zum Kreis gehörte und am 01.04.1881 auch die Hattinger Amtsgemeinde Oberbonsfeld mit Märkisch-Langenberg aus dem Kreis ausschied, um mit Bergisch

Langenberg vereinigt zu werden, hatte unser Landkreis nach dieser Ausgemeindung nun doch schon wieder auf 348 1/3 Quadratkilometern 207.017 Einwohner, und ein Einhalten des Bevölkerungszuwachses war nicht abzusehen.

Deshalb wurde eine Teilung des Landkreises geplant. Die Stadt Witten bemühte sich sehr darum, Sitz eines Landratsamtes zu werden. Aus Teilen der Landkreise Hagen, Dortmund und Bochum sollte ein neuer Kreis Witten mit den Ortschaften Herdecke, Ost-, West- und Kirchende, Wetter, Esborn, Wengern, Bommern, Durchholz, Vormholz, Westherbede, Ostherbede, Heven, Langendreer, Werne, Bövinghausen, Westrich, Lütgendortmund, Somborn, Düren, Stockum, Wullen, Annen und Rüdinghausen mit der Stadt Witten als Mittelpunkt gebildet werden.

Es kam aber dann zu einer gänzlichen Aufteilung des ganzen Landkreises in die drei Teilkreise Bochum-Land, Gelsenkirchen und Kreis Hattingen.

Der Landkreis Bochum behielt 131,15 qkm mit über 80.000 Einwohnern,

der Kreis Gelsenkirchen wurde 77,08 qkm groß mit 78.000 Einwohnern, und

der Kreis Hattingen erhielt ein Gebiet von 140,15 qkm mit 51.000 Einwohnern.

Der Kreis Gelsenkirchen wurde zuerst in seinem Bestand verkleinert. Bereits 1898 schied die Stadt Gelsenkirchen als Stadtkreis aus und schon 1903 entzog sie dem Landkreis die Orte Braubauer, Bulmke, Hessler, Hüllen, Schalke und Ueckendorf durch Eingemeindung, so dass der Landkreis Gelsenkirchen auf etwa 47 Quadratkilometer zusammenschrumpfte.

Der Kreis Hattingen behielt am längsten den überkommenen Bestand. Er erfuhr auch zunächst die wenigsten Veränderungen, denn er hat nur am 01. Juli 1921 die Gemeinde Heven (6,07 qkm mit 5.659 Seelen) an den Stadtkreis Witten abtreten müssen. Aber im Jahr 1926 wurden die Gemeinden Königsteele, Freisenbruch, Eiberg und Horst dem Landkreis Essen zugeteilt und damit auch aus dem Verband der Provinz Westfalen herausgenommen, und im Jahr 1929 verlor der Kreis Hattingen die Gemeinden Linden-Dahlhausen und Stiepel an die Stadt Bochum, der Restkreis aber wurde zu gleicher Zeit, am 01. August 1929, dem neugebildeten Ennepe-Ruhrkreis eingegliedert.

Unser Landkreis Bochum war im Jahr 1885 aus folgenden Gemeinden gebildet worden: Baukau, Horsthausen, Pöppinghausen, Bladenhorst, Hiltrop und Herne des Amtes Herne; Hordel, Riemke, Bergen, Harpen, Gerthe, Hamme, Hofstede und Grumme des Amtes Bochum I (Nord); Altenbochum, Laer, Querenburg, Weitmar und Wiemelhausen des Amtes Bochum II (Süd); Düren, Stockum, Somborn, Werne und Langendreer des Amtes Langendreer; dazu die Stadt Witten.

Im Jahr 1886 wurde aus der Gemeinde Werne, Amts Langendreer, ein eigenes Amt Werne gebildet und im Jahr 1892 auch aus der Gemeinde Weitmar, bisherigen Amts Bochum II (Süd), das neue Amt Weitmar.
Herne erhielt am 01. April 1897 Stadtrechte.

Mit dem 31. März 1899 schied die Stadt Witten mit ihren 8,36 qkm Fläche und 31.806 Einwohnern aus dem Landkreis und bildete einen neuen Stadtkreis.

Im Jahr 1900 musste das Amt Bochum I, Nord, in die Ämter Harpen, Hofstede und Hamme geteilt werden. Aber schon am 01. April 1904 konnte die Stadt Bochum die Gemeinden Wiemelhausen, Grumme, Hofstede und Hamme, zusammen 21,20 qkm mit 40.000 Seelen, zum Stadtkreis ziehen, und die Ämter Hofstede und Hamme gingen wieder ein.

Mit dem 01. Juli 1906 schied auch die Stadt Herne aus dem Kreisverband, um mit einem Weichbild von 8 Quadratkilometern, auf denen 33.200 Menschen wohnten, einen eigenen Stadtkreis zu bilden.

Die Gemeinden Gerthe und Hiltrop vereinigten sich am 01. April 1907 zu einer Gemeinde Gerthe. Im Jahr darauf schieden die Dörfer Baukau und Horsthausen, 9 qkm mit 16.000 Einwohnern, aus dem Landkreis Bochum, um dem Stadtkreis Herne einverleibt zu werden. Die Restgemeinden des bisherigen Amtes Baukau bildeten nun das winzige Amt Bladenhorst mit kaum 1.500 Seelen.

Der so stark beschnittene Landkreis Bochum behielt nur noch eine Fläche von 85 ½ qkm, hatte aber im Jahr 1910 wieder über 120.000 Einwohner. Er umfasste jetzt sieben Ämter: Harpen, Hordel, Bochum-Süd, Weitmar, Langendreer, Werne und Bladenhorst. Der Landkreis bildete nun nicht mehr ein zusammenhängendes Gebiet, denn durch den Stadtkreis Bochum waren das Amt Weitmar und die Gemeinde Hordel von dem Hauptteil abgetrennt, und das Amt Bladenhorst lag noch weiter entfernt, jenseits des Stadtkreises Herne. Es gab wohl keinen zweiten preußischen Landkreis, der eine ähnlich zerrissene Gestalt hatte.

Etwa anderthalb Jahrzehnte blieb nun der Gebietsbestand des Kreises unangetastet, die Einwohnerzahl dagegen wuchs bis zum Jahre 1914 auf rund 130.000 Seelen an.

Dann kam der Weltkrieg und fiel der emsig schaffenden Bevölkerung des ganzen Ruhrgebiets in den Arm, überall Hemmung und Rückgang erzeugend, da Abertausende werktätiger Männer unter die Fahnen gerufen wurden, um die Feinde abwehren zu helfen. Die Zeit nach dem unglücklichen Ausgang des Krieges und die Jahre der Geldentwertung setzten den Rückgang fort. Zur Behebung des Kleingeldmangels hatte der Kreis in Gemeinschaft mit dem Landkreis Gelsenkirchen und mit dem Kreis Hattingen eisernes Kriegsgeld herausgegeben, und in der Nachkriegszeit erschienen einige Ausgaben von Papiergeld, so im Jahr 1921 eine Serie von sieben Stücken mit den sieben Strophen des Bergmannsliedes „Glück auf, der Steiger kommt" und 1923 eine Folge mit fünf Stücken zu 5, 10, 20, 50 und 100 Millionen. – Der vierte Einbruch der Franzosen in unser Ruhgebiet brachte für eine längere Zeit (Januar 1923 bis August 1925) neben vielem persönlichen Elend, das durch verschiedene Maßnahmen der Franzosen erzeugt wurde, den völligen Stillstand des Wirtschaftslebens.

Nach dem Abzug der Besatzer setzte eine neue Regsamkeit auf allen Arbeitsgebieten ein. Der Wiederaufbau wurde mit großen Eifer betrieben, und es lebten Bestrebungen auf, durch das Zusammenfassen möglichst vieler Kräfte gewinnbringendere Arbeit leisten zu wollen, um dem verarmten Vaterland wieder Kapital schaffen zu können. Die Zusammenschlussbestrebungen gingen auch auf die Gemeindeverwaltungen über. In den Landgemeinden wurde von Zusammenschlüssen gesprochen, aber nur der Stadt Bochum gelang es, im Jahr 1926, die Gemeinden Hordel, Riemke, Bergen und Altenbochum (ohne Dannenbaum und Havkenscheid) einen kleinen Teil der Gemeinde Laer, Weitmar und Teile von Eppendorf, Höntrop und Westenfeld, zusammen 23 1/3 qkm mit 52.470 Einwohnern, einzugemeinden.

Zu gleicher Zeit wurde dem Landkreis noch das Amt Bladenhorst mit 9 qkm und rund 2.000 Einwohnern genommen und zur neuen Mittelstadt Kastrop geschlagen. Hatte der Landkreis Bochum im November 1925 noch 137.000 Einwohner gehabt, so war diese Zahl nun auf 84.700 gesunken. Der Flächenraum des Kreises betrug nur noch 54 qkm, und so stellte unser Kreis, da der Landkreis Gelsenkirchen im Jahr 1926 an die beiden Mittelstädte Wattenscheid und Wanne-Eickel aufgeteilt worden war, den räumlich kleinsten Landkreis des preußischen Staates dar.

Am 01. August 1929 wurde nach langen Verhandlungen und heftigen Widerstrebungen einzelner Gemeinden, besonders den einer selbständigen Stadtwerdung zustrebenden großen Gemeinden Langendreer und Werne, der größte Teil dieses kleinen Landkreises der Stadt Bochum eingemeindet. Nur der Südteil der Gemeinde Langendreer, die Gemeinden Düren und Stockum, fielen an die Stadt Witten, und die Stadt Dortmund erhielt den größeren Teil der Gemeinde Somborn. Alle anderen Gemeinden des Landkreises Bochum und dazu noch Teile des Kreises Hattingen fielen an die Stadt Bochum, die nun ihren Bereich über einen erheblichen Teil des alten Brukterergaues ausgedehnt hat.

11. Mitteilungen über die staatliche Polizei im Kreis

Die märkischen Amtmänner hatten, wie schon erwähnt, in früheren Zeiten selbst für die Gestellung der bewaffneten Macht, welche der Staatsgewalt den nötigen Rückhalt zu geben hat, zu sorgen und „ytliche reysige perdt to halden ind onse ampt vurg. dairmede bereyden ind bedienen, a seyn amptmann geboirt". Reichte diese Polizei, je ein Reisiger für jeden der drei Amtsbezirke, nicht aus, so wurden Bauern zur Hilfestellung aufgeboten, die mit „Glewen" (Spießen) bewaffnet dem Aufgebot zu folgen hatten. Bei einzelnen Anlassen wurden 25, 50, selbst 100 Glewen aufgeboten. Im 17. Jahrhundert wurden Amtsmilizen gebildet, um den Wolfsplagen und - nach dem Dreißigjährigen Krieg - den außerordentlich zahlreichen Räuberbanden und Fahrendem Volk entgegentreten zu können. Die Fronen und ihre Vertreter, die Unterfronen, nannte man jetzt vielfach „Führer", wahrscheinlich deshalb, weil sie die aufgebotenen Milizmänner anzuführen, auch die Convois, die Reisezüge, zu führen hatten. 1702 wurde die Miliz militärisch organisiert. Es durften ihr nur ledige Jungmänner, die nicht im Heer zu dienen brauchten, angehören. In jedem Ort, auch in den Städten, sollte eine Miliz aufgestellt und von Unteroffizieren des Heeres im Gebrauch der Schusswaffen ausgebildet werden. Diese „Landesschützen", wie sie genannt wurden, konnten aber dem Räuberunwesen nur wenig entgegensetzen, und auch die seit 1787 eingeführten „Landausreuter" oder „Polizeyausreuter" waren gegen die Räuber, die sich gerade im Amt Bochum sehr vielfältig zeigten, wenig erfolgreich. Die Landesschützen wurden noch von Napoleons Beamten verwendet, um Flussübergänge, Stadttore und Landstraßen zur Abfangung von Deserteuren zu bewachen, und Gefangenen- oder Rekrutentransporte zu begleiten. Als Waffe durften sie zu dieser Zeit aber nur starke

Stöcke bei sich führen. Alle Schusswaffen waren eingezogen und die gesamte Bevölkerung entwaffnet worden.

Neben den Schützen versahen seit 1807 französische Dragoner den Polizeidienst. Ein Brigadier und drei Dragoner waren in Bochum, drei Dragoner in Hörde stationiert.

Seit dem Oktober 1808 waren hier französische Gendarmen; in Tätigkeit von ihnen standen:

in Bochum: 1 Leutnant, 1 Feldwebel, 1 berittener Brigadier, 4 berittene und 2 Fuss-Gendarmen,

in Hattingen: 1 Fuss-Brigadier und 4 Fuss-Gendarmen,

in Dortmund: 1 berittener Brigadier und 6 berittene Gendarmen,

im ganzen Arrondissement also 21 Polizeikräfte.

Am Crengeldanz fanden für alle drei Brigaden vorgeschriebene Zusammentreffen statt, damit obrigkeitliche Befehle und dienstliche Meldungen mit möglichster Beschleunigung weitergegeben werden konnten. Da die Gendarmen öfters überfallen und verprügelt wurden, sollten ihnen die Ortsbehörden auf Anforderung Ortspolizeidiener oder Landesschützen zur Hilfeleistung und Bedeckung mitgeben. Die Ortspolizeidiener wurden von den Municipalitäten unterhalten. Sie waren uniformiert und mit Säbeln bewaffnet.

In Preußen war durch das Gesetz vom 30. Juli 1812 eine staatliche Landgendarmerie aus ehemaligen Unteroffizieren des Heeres errichtet worden. Nach der Neuordnung der westfälischen Verhältnisse wurde die staatliche Polizei auch hier eingeführt.

Der Kreis Bochum hatte von 1817 bis 1821 einen Offizier und fünf Gendarmen in Bochum und zwei Gendarmen in Hattingen. Von diesen sieben Gendarmen waren drei beritten. Seit 1821 waren nur sechs Gendarmen im Kreis, und der Offizier war auch versetzt worden.

Im unruhigen Jahr 1848 waren erst wieder acht Gendarmen im ganzen, so ausgedehnten Kreis. Diese Zahl stieg bis 1865 erst auf zehn Beamte. Dann aber verdoppelte sie sich bis 1875, wo es 17 Fuss-Gendarmen und 3 berittene Gendarmen im Kreis gab. In dem i. J. 1885 entstandenen Teilkreis Bochum-Land waren um 1900 vorhanden: 1 Bezirksoffizier in Bochum, 2 Oberwachtmeister, 15 berittene und 17 Fuss-Gendarmen. Mit Ausnahme von Bergen und Düren hatte nun jeder Ort des Kreises einen oder mehrere Beamte in seinen Mauern.

Im Jahr 1909 wurde die Sicherheitspolizei der Stadt Bochum verstaatlicht, und in den Jahren 1912 und 1913 ging die Verwaltung der Sicherheitspolizei der Landgemeinden Riemke und Bergen sowie Hordel an die Königliche Polizeidirektion in Bochum über. Im Landkreis blieb eine Gendarmerie von 14 berittenen und 15 unberittenen Beamten zurück. Diese staatliche Landpolizei trat nach und nach immer mehr in den Hintergrund, je stärker sich die kommunalen Polizeikräfte entwickelten. Durch die Eingemeindung aller ländlichen Ortschaften in die Groß— und Mittelstädte des ehemaligen Kreises Bochum ist die Tätigkeit der Landgendarmerie (Landjägerei) entbehrlich geworden und die Landjägereibeamten werden nach anderen Orten versetzt. Auch die kommunalen Polizeimannschaften wurden aus dem allgemeinen Sicherheitsdienst herausgezogen und dieser der staatlichen Schutzpolizei übertragen.

12. Die Landräte des Kreises von 1816 bis zur Auflösung des Kreises
    im Jahr 1929

Conrad von der Leithen, Rittergutsbesitzer auf Haus Laer, als staatlicher Commissar von 1816 bis 1817.

Moritz Joh. Gottlieb von Untzer, Rittergutsbesitzer auf Haus Dorneburg, Landrat von 1817 bis 1821.

A. von Trzebiatowski, Hauptmann a.D., kommissarischer Landrat von 1821 bis 1822, dann Landrat in Wiedenbrück.

Konrad von der Leithen zu Laer, bisher Landrat in Hagen, als Landrat von 1822 bis 1829.

von Berswordt-Wallrabe, Rittergutsbesitzer auf Haus Weitmar und Kemnade, als Kreisdeputierter mit der Führung der landrätlichen Geschäfte beauftragt, von 1830 bis 1833.

Adelbert Graf von der Recke-Volmarstein, Rittergutsbesitzer auf Haus Overdieck in Hamme, Landrat von 1833 bis 1853. Er gründete im Jahr 1839 auf seinem Gut die erste Brauerei des Kreises, die Bier auf bayrische Art herstellte. Durch dieses Bier hoffte der Landrat die Kreiseingesessenen von dem gewaltigen Branntweingenuss abbringen zu können.

Adolf von Pilgrim, Landrat von 1853 bis 1868, machte sich besonders um das Zustandekommen des Chausseebaues "Steinen Haus" (Kemnade)-Blankenstein verdient, weshalb ihm später ein Denkstein an dieser Straße aufgestellt wurde; kam 1868 als Regierungsrat nach Minden.

von Forell, Rittergutsbesitzer auf Haus Strünckede in Baukau, Landrat von 1869 bis 1872.

von Bockum-Dolffs, Landrat von 1873 bis 1879. In seiner Amtszeit wurde das erste Kreisständehaus an der Alleestraße in Bochum erbaut.

August Overweg, Landrat von 1879 bis 1883. Er war später
Landeshauptmann der Provinz Westfalen. Die stattliche
Ruhrbrücke bei Wetter trägt seinen Namen.

Karl Schmieding, Landrat von 1883 bis 1886.

Karl Spude, Landrat von 1886 bis 1900. In seine Amtszeit fiel der
Bau des neuen Kreisständehauses an der Bismarckstraße in
Bochum.

Karl Gerstein, Landrat von 1900 bis 1919, seit dem Juli 1909 auch
Königlicher Polizeipräsident in Bochum - Stadt. Er förderte
ganz besonders die Gründung des Verbandswasserwerks
(1902), des Elektrizitätswerkes Westfalen (1906) - eine der
großen Kraftanlagen führt ihm zu Ehren den Namen
„Gersteinwerk" - sowie der Emschergenossenschaft. Er starb
am 19. Juni 1924.

Karl Stühmeier, Landrat, war von 1919 bis 1929 im Amt.

Während die bisherigen Aufgaben der Kreisverwaltung nicht
vernachlässigt wurden, nahm das Wohlfahrtswesen einen besonders
großartigen Aufschwung, obwohl viele Hemmungen einer ruhigen
Entwickelung entgegenstanden. Unter diesen sind zu nennen: die Not
der Nachkriegszeit, die Geldentwertung, der Ruhreinbruch der
Franzosen, die gegen den Landrat selbst ergriffenen Maßnahmen der
Besatzer und schließlich die Verkleinerung des Kreisgebietes und der
Leistungsfähigkeit der Kreislastenträger durch die Eingemeindung im
Jahr 1926. Am 01. August 1929 gab Karl Stühmeier seine
Amtsgeschäfte an den Oberbürgermeister der Stadt Bochum ab, da
durch das Eingemeindungsgesetz vom 10. Juli 1929 der Landkreis
Bochum gänzlich aufgelöst worden war.

— oOo —